Felicia Ullrich

10+1 clevere Tipps für die mündliche Prüfung

Bestell-Nr. 95

U-Form Verlag Hermann Ullrich (GmbH & Co) KG

Titelbild:
© Torbz – Fotolia.com

Du hast Fragen, Anregungen oder Kritik zu diesem Produkt?

Das U-Form Team steht dir gerne Rede und Antwort.

Einfach auf

Facebook.com/Pruefungscheck

fragen, diskutieren, stöbern und weiteres Wichtige und Wissenswerte rund um Ausbildung erfahren.

Bitte beachten:

Sollte es für diesen Praxisratgeber Änderungen oder Korrekturen geben, so können diese unter www.u-form.de/addons/095-1.zip heruntergeladen werden. Ist die Seite nicht verfügbar, so sind keine Änderungen eingestellt!

© U-Form Verlag Hermann Ullrich (GmbH & Co) KG
Cronenberger Straße 58 · 42651 Solingen
Telefon 0212 22207-0 · Telefax 0212 208963
Internet: www.u-form.de · E-Mail: uform@u-form.de

11. Auflage 2013 · ISBN 978-3-88234-095-2

Inhaltsverzeichnis

Vorwort

Vielleicht werden Sie sich fragen, ob es überhaupt lohnend ist sich auf die mündliche Prüfung „besonders" vorzubereiten und ob Sie, neben der Vielzahl der „Prüfungslektüre", nun auch wirklich noch dieses Heftchen lesen sollen. Jawohl, es lohnt sich, denn Sie wissen ja: „Nicht für die Prüfung lernen wir, sondern fürs Leben". Und wenn ich diesen Spruch selbst auch manchmal ziemlich doof fand, hier gilt er wirklich. Denn es wird noch häufiger Situationen in Ihrem Leben geben, die Ähnlichkeit mit einer mündlichen Prüfung haben. Jedes Vorstellungsgespräch, jedes Verkaufsgespräch, jede Geschäftspräsentation oder auch die nette Geburtstagsrede ist eine kleine mündliche Prüfung. Und wenn Sie auch nur einen Teil dieser Tipps beherzigen, werden Sie zukünftig solche Situationen und Ereignisse erfolgreicher meistern.

Und woher habe ich diese vielen cleveren Tipps überhaupt? Natürlich gibt es zu diesem Thema schon eine ganze Reihe hochwissenschaftlicher Abhandlungen (falls Sie sich dafür interessieren, müssten Sie unter dem Schlagwort „Präsentationstechnik" im Buchhandel nachschauen). Die folgenden Tipps entstammen aber nicht solchen Büchern, sondern kommen aus der Praxis und sind somit bereits erprobt und für erfolgreich befunden worden. Es sind Tipps, die ich schon „geerbt" habe und die sich immer bewährt haben. Es sind aber auch Tipps, die andere clevere Menschen oder ich aus eigenen „schmerzhaften" oder positiven Erfahrungen abgeleitet haben. Dass ich all meine mündlichen Prüfungen bestanden habe, liegt sicherlich nicht an einem genialen Geist oder einer schier unendlichen Speicherkapazität im Hirn, sondern eher daran, dass ich mich neben den Inhalten auch immer stark mit dem Umfeld der Prüfung und den Prüfern selbst beschäftigt habe.

Daher kann ich Ihnen vielleicht viele kluge Tipps geben, aber bestehen müssen Sie die Prüfung nun mal selber, jeder für sich. Und dazu gehört neben einer guten Vorbereitung auch immer ein Quäntchen Glück. In diesem Sinne:

Viel Erfolg und viel Glück für Ihre Prüfung

Sanfte Hügel oder Hochgebirge

oder:
Die mündliche Prüfung als Herausforderung

Viele Dinge im Leben sind eine Sache der Sichtweise, das gilt auch für die mündliche Prüfung. Aus welcher Sicht sehen Sie diese Prüfung?

Lassen Sie mich mit einem kleinen, persönlichen Beispiel beginnen:

Ich, nicht besonders konditionsstark, ziemlich bergunerfahren und gehfaul, lernte, so wollte es das Schicksal wohl, einen Mann kennen, welcher gerne und oft ins Gebirge ging. Also schnürte auch ich meinen Rucksack und zog los. Der Berg türmte sich gar riesig vor mir auf und erschien mir so beim ersten Hinschauen völlig unbezwingbar. Mein Wunsch aber, meinem Freund zu zeigen, dass ich keine Memme war, zwang mich dann doch, vom Ehrgeiz getrieben, Schritt für Schritt nach oben. Um mir die Schritte ein wenig zu erleichtern, hatte mein Liebster mir versprochen, dass ich, wenn ich den Gipfel erklommen hätte, auch eine von ihm extra den Berg hochgetragene Coca-Cola (mein absolutes Lieblingsgetränk) erhielte.

Und so quälte ich mich wild schnaufend und leise fluchend den Berg hinauf. Je höher wir kamen, desto größer wurde meine Wut darüber, wie leichtfüßig er den Berg zu ersteigen schien. Als mir, kurz vor dem Ziel, meine Beine, welche mich nun eher an Omas Wackelpudding erinnerten, zu versagen drohten, malte ich mir einfach aus, wie die kalte Cola langsam meine durstige Kehle herunterrinnen und mich erfrischen würde.

So angespornt erreichte ich den Gipfel in einer Zeit, die ich selbst nie zu erträumen gewagt hätte. Ich saß, zwar ein wenig einer Tomate ähnelnd, vor dem Gipfelkreuz, genoss meine Cola, den wunderschönen Blick und das Gefühl den ersten Hochgebirgsgipfel meines Lebens erklommen zu haben. Aus der Sicht meines Freundes jedoch hatten wir gerade einen kleinen Spaziergang durch sanfte Hügel gemacht.

Haben Sie in Bezug auf Ihre mündliche Prüfung eher die Sichtweise meines Freundes in der Bergsteigergeschichte, d. h., sind Sie eher der Typ, dem mündliche Prüfungen leicht fallen und der diese Prüfung als letzte kleine Etappe vor Erreichen des Ziels sieht? Dann können Ihnen die folgenden Tipps vielleicht helfen dieses Ziel schneller, leichter und besser zu erreichen.

Oder geht es Ihnen mit der mündlichen Prüfung eher so wie mir beim Bergsteigen? War für Sie die schriftliche Prüfung leichter und nun kommt erst der große Brocken auf Sie zu? Dann bietet Ihnen diese Broschüre Hilfestellung für ein gutes „Konditionstraining" und viele kleine „Bergsteigertipps", sodass vielleicht aus dem „Hochgebirge" doch noch „sanfte Hügel" für Sie werden.

Und alle Tipps sind so, dass Sie sie ganz einfach „nachmachen" können. Sie sind **leicht verständlich** und **nachvollziehbar** und erfordern **kein wochenlanges** Training.

Und interessiert Sie die Moral von meiner Bergsteigergeschichte?

Manchmal ist das Leben eben doch gerecht. Denn auch wenn man auf dem Weg neidvoll auf die blickt, denen die Dinge so viel leichter zu fallen scheinen, die Freude, das Ziel zu erreichen, ist meist viel größer, wenn der Weg ein wenig schwierig war. So konnte ich den Ausblick und die Cola viel mehr genießen als mein Freund, obwohl sein Weg auf den Berg so leichtfüßig erschien, und: Muskelkater hatte auch er am nächsten Tag.

Merke

Jeder „Berg" ist bezwingbar und mit der richtigen „Ausrüstung" und dem passenden „Training" geht es leichter und oft erfolgreicher.

Ihr großer Auftritt

oder: Die Besonderheit mündlicher Prüfungen

Haben Sie sich eigentlich schon einmal Gedanken darüber gemacht, warum gerade die mündliche Prüfung bei Ihnen zu unguten Gefühlen in der Magengegend führt?

Ganz einfach: Zum üblichen Prüfungsstress kommt hier erschwerend ein weiterer Faktor hinzu, nämlich, dass Sie plötzlich im „Rampenlicht" stehen. In der schriftlichen Prüfung kämpfen wir nur mit uns, dem Stoff und einem Bogen Papier, der nicht ernst schaut, nicht lacht und nicht die Miene verzieht, sondern alles ganz gleichgültig hinnimmt, egal ob wir Wahres, Unwahres, Falsches oder Richtiges schreiben. Und der, der es auswertet oder liest, schaut uns dabei nicht in die Augen, beurteilt nur die Inhalte, aber nicht uns selbst.

In der mündlichen Prüfung zählt nicht nur, dass Sie Ihr Wissen heraussprudeln können, sondern auch, wie Sie es präsentieren. Wie gehen wir mit solchen Situationen im Alltag um?

Stellen Sie sich vor, Sie haben Ihr erstes Date mit dem Objekt Ihrer Begierde (die Leserinnen stellen sich bitte ihren Traummann vor, die Leser ihre Traumfrau). Na, wie fühlen Sie sich, ganz ehrlich, im Hals sitzt ein dicker Kloß, das Herz rast und die Händchen zittern. Und warum? Sie haben Lampenfieber. Wie bereiten Sie sich nun auf diesen großen Augenblick vor? Sie werfen sich so richtig in Schale, setzen Ihr charmantestes Lächeln auf, um dann mit Charme, Witz und Geist zu brillieren. Kurzum, Sie zeigen sich von Ihrer besten Seite, denn schließlich wollen Sie Ihr Gegenüber ja davon überzeugen, dass Sie die richtige Wahl sind. Die kleinen Macken, Schwächen und Unsicherheiten, die wir alle haben, versuchen wir in solchen Situationen geschickt unter den Teppich zu kehren.

Natürlich soll der Prüfer sich nicht in Sie verlieben. Aber so, wie Sie Ihrem Auserwählten zeigen möchten, dass Sie die „Richtige" sind, so sollten Sie doch in der mündlichen Prüfung dem Prüfer deutlich machen, dass Sie z. B. die ideale Bürokauffrau sind.

In der Situation des Rendezvous reduzieren Sie Ihre „Mittel" (Aussehen, Auftreten, Unterhaltung) ja auch nicht auf einen Faktor, sondern versuchen sich in allen Bereichen von Ihrer besten Seite zu zeigen. Denn Sie wollen „überzeugen" und wissen, dass Sie dafür alle „Sinne" (Augen, Ohren, Nase, Verstand) des Gegenübers ansprechen müssen. Denn kein Mann verliebt sich nur in Ihren spritzigen Geist oder nur in Ihre scharfen Kurven, sondern immer in das Gesamtbild einer Frau.

Erstaunlicherweise glauben viele Menschen, dass es in Situationen wie Prüfungen nur auf die Inhalte, sprich auf das, was Sie sagen, ankommt. Aber bedenken Sie, die Prüfer sind auch nur Menschen und keine Maschinen – daher nehmen sie Sie auch in Ihrer gesamten Persönlichkeit wahr.

In eigentlich allen Situationen, in denen Menschen mit Menschen umgehen, zählt nie nur der Verstand, sondern immer auch das Gefühl. Der Verstand wird durch das Wissen angesprochen, das Gefühl durch die Persönlichkeit.

Fazit:

Wenn Sie die Prüfer von Ihrer Leistung überzeugen möchten, dann sprechen Sie nicht nur ihre rationale, sondern auch ihre emotionale Seite an. Versuchen Sie ihre Sympathie zu gewinnen und das gelingt Ihnen nur mit Ihrer Persönlichkeit. Lernen Sie nicht nur „Wissen", trainieren Sie auch Ihren Auftritt. Denn: die beste Ware wird nicht oder nur ungern gekauft, wenn die Verpackung nicht stimmt.

Wie aber definiert sich ein erfolgreiches Auftreten? Warum führt bei dem Einen das Rendezvous zum „Happyend“ und bei dem Anderen nicht?

Ein erfolgreiches Auftreten ist sicherlich auch immer eine Frage des Selbstbewusstseins. Menschen, die in solchen Situationen sehr selbstbewusst und sicher auftreten, überzeugen meist mehr, als sehr unsichere, nervöse Menschen. Was aber, wenn Ihr Selbstbewusstsein nicht das stärkste ist?

Natürlich ist Selbstbewußtsein trainierbar, aber sicherlich nicht in 2 oder 3 Wochen. Aber wenn Sie die folgenden Punkte beachten, ist das ein erster und für die Prüfung wichtiger Schritt:

☞ *Machen Sie sich Ihre eigenen Leistungen bewusst. Sie haben die Schule bestanden, eine Lehrstelle bekommen, und die schriftliche Prüfung haben Sie auch geschafft. Das ist heute nicht selbstverständlich und ein Grund auch mal stolz auf sich zu sein.*

☞ *Suchen Sie in Ihrer Vergangenheit gezielt Situationen, wo Sie kleine und große Erfolge verbuchen konnten (beruflicher, sportlicher oder musischer Art) und sonnen Sie sich ruhig ein wenig darin. Das tut gut und stärkt das Selbstvertrauen.*

☞ *Betrachten Sie aber auch Situationen, in denen Ihr Auftritt nicht den gewünschten Erfolg erzielt hat. Überlegen Sie, was Sie falsch gemacht haben und wie Sie sich in Zukunft geschickter verhalten könnten. Auch mit Fehlern umgehen zu können stärkt das Selbstvertrauen.*

☞ *Suchen Sie sich Vorbilder, z. B. Menschen, die bei anderen gut ankommen, und fragen Sie sich, was das Geheimnis deren Erfolges ist. Kopieren Sie diese aber nicht, sondern verfeinern Sie durch diese Erkenntnisse Ihren eigenen persönlichen Stil.*

Ein gesundes Selbstbewusstsein ist aber nur eine gute Grundlage für einen erfolgreichen Auftritt. Am wichtigsten ist, dass Sie sich selbst treu bleiben, dass Ihr Auftreten „echt" wirkt, denn nur dann überzeugt es.

> *Hätten Sie sich bei Ihrem Date, obwohl Sie eher der dezente und stille Typ sind, in den auffälligen Lackmini der Freundin gequetscht und auf deren Ratschlag hin erstmal 3 Machosprüche losgelassen, wäre Ihr Gegenüber vielleicht noch vor Lachen vom Stuhl gefallen, wahrscheinlicher aber hätte er die Flucht ergriffen. Denn schließlich hat er sich in Sie, eine stille und dezente Frau, verliebt und nicht in Ihre extrovertierte Freundin.*

Merke

Glänzen Sie in der mündlichen Prüfung nicht allein durch Ihr Wissen, sondern genauso stark durch Ihren Auftritt! Treten Sie natürlich auf und kehren Sie Ihre positiven Seiten heraus.

Die Geschichte vom Frosch im Sahnefass

oder:
Der Einfluss von Gedanken auf unser Verhalten

Vielleicht kennen Sie ja schon die Geschichte vom optimistischen und vom pessimistischen Frosch im Sahnefass. Für die, die sie nicht kennen, sei sie hier noch einmal kurz erzählt.

Ein pessimistischer Frosch fällt in ein Holzfass, gefüllt mit Sahne. Verzweifelt versucht er an der glatten Wand des Holzfasses hochzuklettern, aber die glitschige und fettige Sahne lässt ihn immer wieder abrutschen. Und während er so zappelt, denkt er bei sich, dass er sowieso in diesem Fass untergeht – er gibt auf und ertrinkt.

Ein optimistischer Frosch erliegt dem gleichen Schicksal. Auch er plumpst in ein Sahnefass. Völlig sicher, dass er aus dieser misslichen Situation wieder herauskommt, strampelt er wie wild in dem Fass herum mit dem Gedanken „Ich komm' hier raus, ich komm' hier raus". Und siehe da, durch sein Gezappel wird die Sahne zu Butter geschlagen. Bald schon sitzt er auf einem Butterblock, der ihm so viel Halt bietet, dass er aus dem Gefäß springen kann.

Was ist also die Moral von der Geschichte? Ein und dieselbe missliche Ausgangssituation kann völlig unterschiedliche Wendungen nehmen, bei dem Frosch mit den **negativen Gedanken** eine **tragische**, bei dem Frosch mit den **positiven Gedanken** eine **glückliche** Wendung.

In Ihrer Prüfung geht es zwar nicht um Leben oder Tod, vielleicht aber um Bestehen oder nicht Bestehen, ganz sicher jedoch um eine Note. Grundsätzlich gilt auch für Sie, dass Ihre Gedanken Ihr Handeln prägen.

Sicherlich müssen die Gedanken nicht immer im Einklang mit dem Verhalten stehen und positive Gedanken führen auch nicht zwangsläufig zu einem guten Ergebnis. Mit den Gedanken ist es ein bisschen so wie in der Mathematik, sie sind eine notwendige aber keine hinreichende Voraussetzung für Erfolg. Und sicherlich kennen Sie selber Menschen in Ihrem Bekanntenkreis mit ewig negativen Gedanken, bei denen dann wiederum auch häufig etwas daneben geht.

Sie glauben nicht an Frösche in Sahnefässern? Dann probieren Sie doch mal die folgenden Experimente aus und lassen Sie sich von der Macht der Gedanken überzeugen.

Über die Macht der Gedanken

Es gibt ein paar nette kleine Experimente, die Ihnen zeigen sollen, wie stark die Macht unserer Gedanken sein kann und wie wir diese Macht positiv einsetzen können.

Für die hier dargestellten Experimente benötigen Sie einen Partner oder eine Partnerin.

Experiment 1

Erklären Sie Ihrer Versuchsperson, dass Sie ein kleines Experiment mit ihr machen möchten. Für das erste Experiment soll sie sich ganz entspannt hinsetzen und an nichts Konkretes denken. Sagen Sie ihr dann laut und deutlich „Denk jetzt nicht an einen roten Baum“ .

Und was glauben Sie, woran Ihre Versuchsperson gedacht hat. Wenn Sie sie fragen und sie ehrlich ist, wird sie Ihnen antworten, dass sie genau an das gedacht hat, an das sie eigentlich nicht denken sollte, nämlich an einen roten Baum (statt des roten Baumes könnten Sie sie auch an ein lila Schwein oder einen rosa Elefanten denken lassen, wichtig ist in diesem Beispiel die Aufforderung „nicht an etwas zu denken"). Und warum hat sie das getan, obwohl Sie ihr doch ganz deutlich gesagt haben, dass sie dies nicht tun soll?

Des Rätsels Lösung ist ganz einfach. Unser Gehirn kann das Wort „nicht" nicht richtig verarbeiten. Nun könnten sie wahrscheinlich recht gut damit leben, dass Sie an rote Bäume denken, auch wenn Ihnen befohlen wird, dies nicht zu tun. Konsequent weitergedacht bedeutet das aber auch, dass wenn Sie sich sagen, „Ich falle bei der Prüfung nicht durch" Ihr Gehirn nur verarbeitet „Ich falle bei der Prüfung durch". Na ja und wer will das schon? Also sollten Sie Ihre Gedanken positiv formulieren. Sagen Sie sich, „Ich schaffe die Prüfung". Denn diese positiv formulierte Aussage kann Ihr Gehirn hervorragend verarbeiten.

Welche Kraft positive Gedanken in uns freisetzen und wie viel Kraft uns negative Gedanken kosten können, zeigt das nächste kleine Experiment.

Experiment 2

Ihr Partner oder Ihre Partnerin soll sich nun mit zur Seite ausgebreiteten Armen hinstellen (so wie das Ampelmännchen bei Rot). Im nächsten Schritt legen Sie Ihre Hände auf einen der weggestreckten Arme und versuchen diesen mit Ihren Händen herunterzudrücken. Wenn Sie nicht gerade Arnold Schwarzenegger sind und Ihr Gegenüber nicht an Muskelatrophie leidet, wird es Ihnen nicht gelingen den Arm herunterzudrücken (und bitte, keine Gewalt anwenden, es handelt sich nicht um eine Kraftprobe, sondern um ein Experiment).

Nun machen Sie die gleiche Übung noch mal, jedoch mit einem Unterschied: Sie fordern Ihre Versuchsperson auf, ganz laut und mehrfach hintereinander „Nein" zu sagen (sie soll solange hintereinander „Nein" sagen, bis das Experiment beendet ist). Während Ihr Partner energisch „nein, nein, nein, nein, nein" sagt, versuchen Sie erneut den Arm herunterzudrücken. Was wird passieren? Probieren Sie es aus – Sie werden überrascht sein. Als Erstes wird Ihr Gegenüber vermuten, Sie hätten plötzlich stärker gedrückt – haben Sie aber nicht. Seine eigenen Gedanken haben das bewirkt, was passiert ist.

Sie können auch noch den Gegentest machen. Gleiche Aufstellung wie zuvor. Nur jetzt soll der Partner statt „Nein" energisch und mehrmals hintereinander „Ja" sagen. Sie werden sehen, da gibt es einen deutlichen Unterschied im Ergebnis. Es funktioniert auch, wenn Sie erst „Ja" und dann „Nein" sagen lassen. Das Erstaunliche ist, dass es sogar funktioniert, wenn Sie die Versuchsperson auffordern, an ein negatives Erlebnis zu denken, anstatt sie „Nein" sagen zu lassen. Sie können das Experiment auch mehrmals hintereinander durchführen, ohne dass sich das Ergebnis ändert.

Das Experiment sorgt auch bei Zuschauern immer wieder für erstaunte Gesichter und ist daher auch als Partygag geeignet. Aber es zeigt vor allem, welche Macht unsere Gedanken haben. Negative Gedanken zehren an Ihren Kräften, daher lässt sich der Arm bei „Nein" herunterdrücken, positive Gedanken beflügeln diese und geben dem Arm die Kraft, dem Gegengewicht Stand zu halten. Bemerkenswert daran ist, dass die eigenen negativen Gedanken auch einen nicht unerheblichen Einfluss auf Andere haben.

Experiment 3

Noch ein kleines Experiment gefällig? Für dieses Experiment brauchen Sie aber eine ganze Ansammlung von Menschen (zum Beispiel Ihre Berufsschulklasse). Der „Aufbau" des Experiments ist der gleiche: Sie werden erneut versuchen, den Arm einer Versuchsperson herunterzudrücken. Suchen Sie sich dafür den Stärksten aus Ihrer Klasse aus und schicken Sie diesen vor die Tür (am Besten so weit weg, dass er nicht lauschen kann).

Dann unterweisen Sie die Klasse. Diese soll, sobald ihr Klassenkamerad wieder hereinkommt und Sie mit Ihrer Hand eine „1" andeuten, durchgängig denken „du blöder Hund, du blöder Hund". Dabei sollten die Gesichter Ihrer Klassenkameraden möglichst neutral bleiben. Sie werden dann, während Ihre Klassenkameraden innerlich Ihr „Opfer" mit unfreundlichen Worten bedenken, erneut versuchen, dessen Arm herunterzudrücken. Danach werden Sie Ihren Klassenkameraden mit der Hand eine „2" andeuten. Dies ist das Zeichen dafür, dass Ihre Mitschüler nun denken sollen „toller Kerl, toller Kerl, toller Kerl". Auch dabei sollten die Gesichter möglichst neutral bleiben. Nun, Sie werden schon ahnen was jetzt kommt. Sie werden erneut versuchen den Arm Ihres „Opfers" herunterzudrücken.

Um das Ergebnis vorweg zu nehmen: Beim ersten Versuch wird es Ihnen gelingen, den Arm herunterzudrücken, auch wenn Ihnen das jetzt noch so unglaublich erscheint. Beim zweiten Ansatz wird es Ihnen nicht gelingen. Das zeigt, dass selbst die negativen Gedanken der Anderen Ihrer Versuchsperson die Kraft rauben. Dies bedeutet wiederum, dass sich auch Ihre negativen Gedanken auf Ihr Gegenüber auswirken.

Wenn Sie also in der Prüfung sitzen und denken „Ich schaff das nicht und überhaupt sind die Prüfer alle Idioten", dann wird die Prüfung wahrscheinlich nicht den positiven Ausgang nehmen, den Sie sich wünschen. Denken Sie dagegen „Ich schaffe das schon und ihr lieben Prüfer fragt mich jetzt sicherlich nur Dinge, die ich auch kann", hat dies sicherlich einen sehr viel positiveren Einfluss auf das Prüfungsergebnis. Daher rührt auch der Tipp, sich die Prüfer in der Prüfung mal nackt vorzustellen. Diese Vorstellung wird Sie entspannen und Sie werden innerlich schmunzeln. Das heißt, Sie bekommen eine positive Ausstrahlung.

Kleiner Tipp zum Schluss

Nun noch ein kleiner, wenn vielleicht auch verrückt klingender Tipp zum Schluss. Hierbei handelt es sich um einen Manager-Trick, um ins Stocken geratene Meetings oder Verhandlungen wieder in Gang zu bringen.

Gehen Sie kurz bevor die Prüfung anfängt zur Toilette (müssen Sie nicht, aber wundern Sie sich dann bitte nicht, wenn die Anderen Sie für bescheuert halten). Und jetzt lachen oder grinsen Sie, was das Zeug hält und zwar genau eine Minute lang. Auch wenn Sie sich dabei total bescheuert vorkommen, einfach lachen. Durch das Lachen ziehen Sie nämlich automatisch die Mundwinkel nach oben. Die dadurch aktivierten Nerven verleihen Ihnen positive Energie und diese Energie wird dann auch auf Ihre Prüfer überschwappen.

Alles total Humbug denken Sie?

Probieren Sie es doch einfach aus –
Sie werden erstaunt sein.

Wenn Sie also nach der schriftlichen Prüfung zwischen zwei Noten stehen und die Chance haben noch die bessere Note erreichen zu können, sagen Sie sich nicht „Die 3 reicht doch eigentlich". Spornen Sie sich selbst an: „Ich will die 2 schaffen".

Bedenken Sie:
Wenn Sie mehr wollen, erreichen Sie auch mehr!

Unsere Äußerungen müssen nicht immer unseren Gedanken entsprechen. Sie können ruhig jemandem erzählen, dass Sie die Prüfung nicht schaffen, weil Sie wie immer zu wenig gelernt haben. Solange Sie dies nur erzählen, um eventuell Pannen vorzubeugen und es nicht selber glauben, ist das vollkommen okay.

Merke

Positiv Denken

Nichts ist stärker als die Kraft der eigenen Gedanken.

Glaube versetzt Berge.

Das Wichtigste bedenkt man nie genug

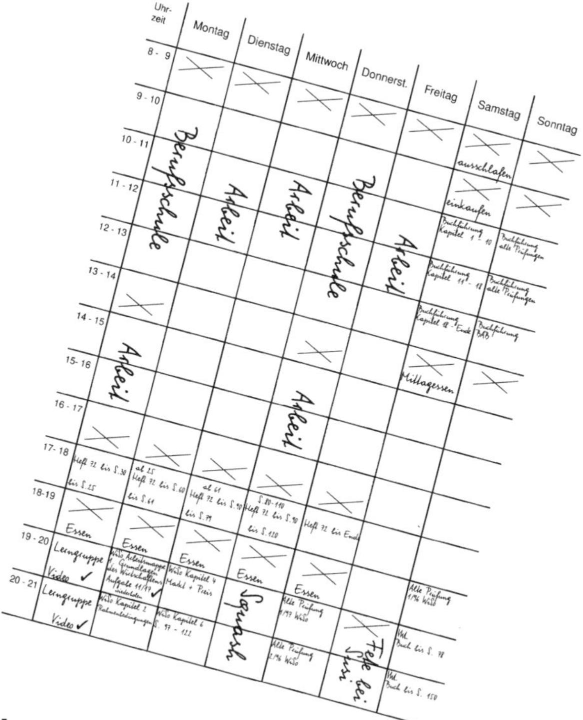

oder: Über die Wichtigkeit einer strukturierten Planung

Dieser weise Ausspruch gilt natürlich für Prüfungen jeder Art. Aber warum Planung? Was ist Planung eigentlich genau?

Haben Sie schon einmal einen Last-Minute-Urlaub gebucht? In der Zeit zwischen Buchung und Antritt der Reise muss noch eine ganze Menge erledigt werden. Sie müssen wichtige Urlaubsutensilien wie Sonnencreme, Medikamente für die Reiseapotheke, Bücher usw. einkaufen, evtl. bei der Bank Reiseschecks besorgen, das Meerschweinchen muss zu Tante Agathe, jemand zum Blumengießen muss gefunden werden, die Fahrt zum Flughafen muss organisiert werden und vieles mehr. Und um wirklich an alles zu denken, schreiben Sie sich auf, wann Sie was erledigen. Sonst passiert es leicht, dass Ihr Meerschweinchen einer unfreiwilligen Diät unterzogen wird, da Sie leider vergessen haben es bei Tante Agathe vorbeizubringen.

Die Dinge, die Sie bis zu Ihrer Prüfung noch „erledigen" (sprich lernen) müssen, überschreiten die Urlaubsvorbereitung zeitlich und aufwandsmäßig bei weitem. Warum also nicht bei der Prüfungsvorbereitung praktizieren, was auch im Alltag wunderbar funktioniert? Planen Sie Ihre Prüfungsvorbereitung, durchdenken Sie systematisch und rational die Prüfungsinhalte mit dem Ziel die Prüfung hervorragend zu bestehen.

Den Tipp, die Prüfungsvorbereitung in der nachfolgend erklärten Weise zu planen, hat mir ein guter Freund vor Beginn meiner Ausbildung gegeben.

Im ersten Moment fand ich es ziemlich spießig, mir haarklein aufzuschreiben, was ich wann lernen müsste. Aber wie so oft wurde die Zeit vor der schriftlichen Prüfung wieder ein wenig knapp und da kam mir sein Ratschlag in den Sinn (Der Freund selbst hatte sein Studium in kürzester Zeit sehr erfolgreich absolviert). Ich machte einen Übersichtsplan, welche Inhalte ich lernen musste, wie viel Zeit diese in Anspruch nehmen würden und wann genau ich welches Kapitel abgeschlossen haben müsste, um alle Inhalte rechtzeitig vor der Prüfung in mein Gehirn gepaukt zu haben. Und siehe da, es funktionierte ganz hervorragend, ich habe die schriftliche Prüfung gut bestanden. Von diesem Zeitpunkt an habe ich alle schriftlichen und mündlichen Prüfungen so geplant. Da ich meine Ausbildung/Studium in kürzester Zeit mit guten Noten absolviert habe, kann der Tipp nicht der schlechteste gewesen sein.

Die Planung hilft Ihnen, das gesetzte Ziel in dem vorgegebenen Zeitraum wirklich zu erreichen, da Sie immer die Übersicht behalten, wann Sie was lernen müssen. Voraussetzung dafür ist natürlich, dass Sie realistisch planen und sich an Ihre Planung auch wirklich halten. Ein weiterer *Vorteil* der Planung ist, dass Sie sich erst einmal, um planen zu können, einen sehr *detaillierten Überblick* verschaffen müssen, was Sie überhaupt lernen müssen. Durch diese Überlegung und die Aufteilung in einzelne Lerneinheiten werden Sie förmlich dazu gezwungen den *Stoff zu strukturieren.*

Unser Gehirn hat die wunderbare Eigenschaft, sich Strukturen leicht merken zu können. Denn unser Gehirn speichert Wissen in Strukturen und Netzen. Das heißt, wenn Sie ihm das Wissen bereits speichergerecht aufbereiten, nimmt das Gehirn dieses Wissen leichter und schneller auf als Informationen, welche es selbst noch strukturieren muss.

Machen Sie doch ruhig einmal den Test bei sich selbst. *Versuchen Sie, sich Inhalte, die Sie aus einem zusammenhängenden Text entnommen haben, zu merken und im Vergleich dazu bereits strukturierte Inhalte (z. B. Grafiken oder Übersichten). Sie werden schnell merken, dass die strukturierten Inhalte besser haften bleiben. Daher ist es ratsam, Abläufe, die sich strukturiert darstellen lassen, vor dem Lernen auch in eine strukturierte Form zu bringen. Oftmals können Sie sich dann das pure Auswendiglernen schon ersparen.*

Außerdem kann es sowieso nie schaden, eine Übersicht zu bekommen und diese möglichst auch zu behalten.

Also wie gehen Sie am besten vor?

☞ ***1. Erstellen Sie eine Übersicht über die zu lernenden Inhalte.***

☞ ***2. Bilden Sie realistische Lerneinheiten.***
Fassen Sie Themen, die inhaltlich zusammengehören, in eine Lerneinheit. Achten Sie darauf, dass die Lerneinheiten nicht zu groß werden, sodass Sie die Einheit ohne Pause aufnehmen können.

Jede Pause reißt Sie aus Ihrem Denkprozess. Denken Sie daran: kein Mensch kann 5 oder 6 Stunden voll konzentriert arbeiten.

3. **Erstellen Sie ein Tableau (Beispiel auf den Seiten 36 - 37) in Form eines Kalenders, der die verbleibenden Tage bis zur Prüfung aufzeigt.**
Teilen Sie die Stunden des Tages so ein, wie Sie sie am besten nutzen können und tragen Sie feste Termine, wie Arbeitszeit, Berufsschule und Freizeittermine, an denen Sie sicherlich nicht lernen, in Ihre Übersicht ein. Nun haben Sie einen guten Überblick, wie viel Zeit Ihnen zum Lernen bleibt. Vermeiden Sie dabei, sich selbst zu beschummeln. Viele Menschen gehen zu „großzügig" mit ihrer Zeit um, sie planen mehr Dinge, als sie in Wirklichkeit in einem bestimmten Zeitraum erledigen können. Das führt dazu, dass ihnen hinterher Zeit fehlt und sie die vielleicht wichtigen Stoffe nicht mehr lernen können.

4. **Tragen Sie die Lerneinheiten in die „Soll"-Kästchen der Übersicht ein.**
Planen Sie diese Kästchen von Anfang an **großzügig,** damit Sie auch Ihre Planung rollieren lassen können. D. h., falls Sie beim Lernen einmal schneller vorangekommen sind oder mit einer Lektion nicht fertig geworden sind, können Sie dann die Planung der nächsten Tage dieser Entwicklung anpassen, indem Sie die Lerneinheiten in den Soll-Kästchen verschieben.

Wenn Sie die Möglichkeit haben, Ihre Planung auf dem Computer zu erstellen, ist das natürlich von Vorteil, weil durchgestrichene und veränderte Lerneinheiten in den Soll-Kästchen die Planung nicht unbedingt übersichtlicher machen.

☞ **5. *Tragen Sie abends nach dem Lernen in die Ist-Kästchen ein, wie weit Sie gekommen sind.***
Außerdem können Sie in diesen Kästchen Lerneinheiten markieren, die Sie, falls noch Zeit bleibt, lieber noch mal wiederholen wollen.

☞ **6. *Passen Sie Ihre Planung täglich an.***
Wenn Sie mit dem Lernen weiter gekommen sind als Sie vorher geplant hatten, ziehen Sie Lerneinheiten vor. Auf diese Weise bleibt Ihnen hinterher ein wenig Luft für schwierigere Einheiten oder zum Wiederholen. Sollten Sie nicht so weit kommen wie geplant, verteilen Sie die Lerneinheiten neu. Nur wenn Sie die Planung regelmäßig anpassen, wissen Sie, wie viel Sie bereits geschafft haben und wie wenig Zeit Ihnen noch bleibt.

Uhr-zeit	Montag	Dienstag	Mittwoch	Donnerst.	Freitag	Samstag	Sonntag
8 - 9						ausschlafen	ausschlafen
9 - 10	Berufsschule			Berufsschule		einkaufen	ausschlafen
10 - 11		Arbeit	Arbeit		Arbeit	Buchführung Kapitel 1 - 10	Buchführung alte Prüfungen
11 - 12						Buchführung Kapitel 11 - 18	Buchführung alte Prüfungen
12 - 13						Buchführung Kapitel 18 - Ende	Buchführung BAB
13 - 14						Mittagessen	Mittagessen

14 - 15	Arbeit			Arbeit			
15- 16							
16 - 17	X	X	X	X	X		
17 - 18	Heft 72 bis S.30 bis S.25	ab 25 Heft 72 bis S.60 bis S.61	ab 61 Heft 72 bis S.90 bis S.79	S.80–110 Heft 72 bis S.90 bis S.120	Heft 72 bis Ende		
18 - 19	X Essen	X Essen	X Essen	X Essen	X Essen		Alte Prüfung 1/96 WiSo
19 - 20	Lerngruppe ✓ Video	WiSo Arbeitsmappe 1. Grundlagen des Wirtschaftens Aufgabe 11/17 ✓ wiederholen	WiSo Kapitel 4 Markt + Preis	Squash	Alte Prüfung 1/97 WiSo	X Fete bei Susi	VWL Buch bis S. 78
20 - 21	Lerngruppe Video ✓	WiSo Kapitel 2 Rahmenbedingungen	WiSo Kapitel 6 S. 97 – 122		Alte Prüfung 2/96 WiSo		VWL Buch bis S. 150

Legende

Soll-Kästchen: Lerneinheiten, die gelernt werden sollen

Ist-Kästchen: wirklich gelernte Einheiten

Diese tägliche Selbstkontrolle mag Ihnen vielleicht ein wenig übertrieben vorkommen, aber sie hat einen ganz wunderbaren Effekt. Kennen Sie auch dieses latent schlechte Gewissen, wenn Sie abends mit dem Lernen aufhören? Irgendwie denkt man immer, „Was hast du eigentlich heute den ganzen Tag gelernt?", und „Hättest du nicht eigentlich mehr lernen können oder müssen?". Dieses Gefühl fällt weg, wenn Sie Ihrer Planung treu bleiben, denn dann wissen Sie, was Sie den ganzen Tag gelernt haben, und dass Sie – gemessen an Ihrer Planung – nicht mehr lernen müssen, um Ihr Ziel zu erreichen.

Und wenn Ihnen mal die Motivation zum Lernen fehlt, ist die aufgelistete Planung ein guter Anschub, weil sie schwarz auf weiß zeigt, dass es noch viel zu tun gibt. Packen Sie es an und Sie werden es schaffen!

Und selbst wenn Sie jetzt ein wenig skeptisch sind, probieren Sie es doch einfach mal aus. Schaden kann es ganz sicher nicht und ich bin sicher, die Planung wird Sie überzeugen.

Merke

Eine gut strukturierte Planung Ihres Lernstoffes hilft Ihnen, den Überblick zu behalten, unterstützt Ihr Lernen und erleichtert Ihr Gewissen.

Eine richtige Theorie ist etwas Großartiges, man kann mit ihr jede Praxis begründen

oder: Alles rund ums Lernen

Ich habe das Zitat des Satirikers Gabriel Laub für dieses Kapitel ausgewählt, weil es wunderbar zum Thema Prüfungsvorbereitung passt. Denn die positivste Einstellung und das hochgesteckteste Ziel hilft Ihnen nichts, wenn die Basis, d. h. Ihr Wissen, nicht ausreicht.

Lernvorbereitung:

Folgende Punkte sollten Sie **vor** Beginn des Lernens ermitteln:

Wer prüft – eher ein Praktiker oder mehr die Berufsschullehrer?
Bei den kaufmännischen Berufen ist die mündliche Prüfung (praktische Übung) ja eine Art Ersatz für die Fertigkeitsprüfung bei den handwerklichen Berufen und daher ***sollte*** *die berufliche Praxis im Vordergrund stehen.*

Die Betonung liegt auf „sollte“, denn oftmals ist dies nicht der Fall. In meiner mündlichen Bankkaufmannsprüfung wurde ich z. B. gefragt, ob ich einen 50 Millionen Dollarscheck zur Zahlung einer offenen Rechnung eines Unternehmens im Iran (zu Zeiten des Krieges der Amerikaner mit dem Iran) einlösen würde. Ich bin mir ziemlich sicher, dass die örtliche Sparkasse noch nie einen 50 Millionen Dollarscheck gesehen, geschweige denn eingelöst hat und erst recht nicht einen Scheck eines iranischen Unternehmens.

Prüfen Praktiker, sollten Sie sich beim Lernen stärker auf Problemfälle und Aufgaben der täglichen Berufspraxis konzentrieren. Prüfen überwiegend die Berufsschullehrer, sollte das in der Berufsschule vermittelte Wissen an erster Stelle stehen.

Wo haben die Schwerpunkte der Prüfer in den vergangenen Jahren gelegen?
Gibt es z. B. „Lieblingsthemen" einzelner Prüfer, die in den vergangenen Jahren immer gefragt wurden? Fragen Sie ehemalige Auszubildende oder ruhig auch die Berufsschullehrer.

Wo sind Ihre eigenen Lücken?
Versuchen Sie zu ermitteln, wo Sie Fehler in der schriftlichen Prüfung gemacht haben, manche Prüfer haben die unangenehme Eigenschaft sich gerade die Themen herauszusuchen, in denen Sie Schwächen haben könnten.

Solche Informationen sind sehr wertvoll und sollten in die Überlegung, was Sie nun für die mündliche Prüfung lernen, auf alle Fälle mit einfließen.

Lerninhalte und deren Ermittlung

Grundlage für die Prüfung sollte immer ein ausreichendes theoretisches Wissen sein, denn wie Herr Laub schon sagt, wenn Sie die praktischen Abläufe dann einmal doch nicht kennen, können Sie das Problem immer noch zumindest theoretisch lösen.

Trotzdem würde ich nicht den gesamten Lehrstoff, den Sie bereits für die schriftliche Prüfung gelernt haben, wiederholen. *Konzentrieren Sie sich auf die betrieblichen Abläufe und Aufgaben*, machen Sie sich mit „Besonderheiten" Ihres Unternehmens vertraut. Denn für einen Prüfer, der nicht aus Ihrem Unternehmen kommt, ist es sehr schwierig Ihnen nachzuweisen, dass es nicht so, wie Sie es geschildert haben, bei Ihnen in der Firma gemacht wird. Außerdem wäre es besonders blamabel, wenn Sie nicht einmal wüssten, wie sich Abläufe in Ihrem Unternehmen gestalten. Die meisten Prüfer würden dann wohl davon ausgehen, dass Sie gar nichts wissen. Und vor allem, wenn Ihnen betriebliche Abläufe nicht klar sind oder Ihnen unlogisch erscheinen, fragen Sie Ihre Kollegen! Denn Fragen kostet bekanntlich nicht nur nichts, es ist auch die beste Möglichkeit, Unklarheiten zu beseitigen und Dinge zu verstehen.

Hier einige „Frage-Tipps":

- *Denken Sie daran, auch wenn es Ihnen unangenehm ist, zu fragen, es ist Ihre mündliche Prüfung – die Note steht ein ganzes Leben lang in Ihrem Zeugnis. Dagegen dauert der erste vielleicht unangenehme Augenblick des Fragens maximal fünf Minuten.*

- *Die meisten Menschen werden gerne um Hilfe gebeten, da es ihnen die Möglichkeit gibt, Ihr Wissen an den Mann oder die Frau zu bringen. Fragen Sie höflich und schmeicheln Sie ruhig ein wenig Ihrem Gegenüber, sodass er gar nicht nein sagen kann:*

  „Herr Meier, Sie kennen sich doch mit der EDV so gut aus, könnten Sie mir da vielleicht ein wenig helfen?"

Sie werden sehen, mancher Brummbär verwandelt sich so in einen lieben, hilfsbereiten Teddy.

- *Bleiben Sie immer freundlich und hören Sie aufmerksam zu, schließlich möchten Sie etwas von Ihrem Gesprächspartner und nicht er von Ihnen.*

- *Fragen Sie nicht den Kollegen oder die Kollegin, die Sie besonders nett finden, sondern suchen Sie sich den Gesprächspartner, der das meiste Wissen hat. Schließlich geht es nicht um ein nettes Plauderstündchen, sondern um Ihre Prüfung.*

- *Achten Sie darauf, zu einer günstigen Zeit zu fragen. Wenn der Kollege viel um die Ohren hat, wird er sich vielleicht nur wenig oder gar keine Zeit für Sie nehmen können. Vereinbaren Sie bei stark beschäftigten Mitarbeitern einen Termin, zu welchem Sie dann auch pünktlich erscheinen.*

- *Bereiten Sie sich auf Ihre Gespräche gut vor, schreiben Sie sich Ihre Fragen auf. Das macht einen positiven Eindruck und verringert die Gefahr, dass Sie eine Frage vergessen.*

- *Nehmen Sie sich Unfreundlichkeit anderer nicht zu Herzen. Oftmals ist Unfreundlichkeit ein Zeichen von Unsicherheit, vielleicht konnte der Mitarbeiter Ihre Frage nicht beantworten, mochte dieses aber nicht zugeben. Bohren Sie dann nicht weiter, sondern suchen Sie sich einen neuen Gesprächspartner, schließlich wollen Sie nicht Ihren Kollegen prüfen, sondern Wissen speichern. Bohren führt eher dazu, dass Ihnen jemand aus Verlegenheit etwas Falsches erzählt.*

☞ *Fragen Sie, wenn Ihnen Abläufe unsinnig erscheinen, ruhig nach, warum die Dinge so gemacht werden. Fangen Sie aber nicht an über „Sinn und Unsinn" dieser Abläufe zu diskutieren. Damit erreichen Sie meist wenig und vergeuden Ihre Zeit. Sie wollen schließlich jetzt erst einmal Ihre Prüfung bestehen und nicht die Welt verbessern.*

☞ *Versteifen Sie sich nicht auf Kleinigkeiten, wichtig ist, dass Sie die Zusammenhänge verstanden haben. Menschen, die sich in Details verlieben, verlieren eher die Übersicht über das Ganze.*

Bringen Sie die erfragten Inhalte und Abläufe in ein Ablaufdiagramm oder ein Organigramm. Wenn Ihnen das gelingt, können Sie sicher sein, dass Sie die Abläufe verstanden haben. Und wie bereits im Kapitel „Planung" S. 29 erörtert, fällt es Ihrem Gehirn leichter sich diese Strukturen zu merken. Das Beispiel auf der nächsten Seite zeigt Ihnen, wie solch ein Ablaufdiagramm aussehen könnte.

Zeit und Lernen

Beginnen Sie rechtzeitig mit dem Lernen!
Was rechtzeitig ist, sollte jedoch jeder für sich selbst definieren. Ich selbst brauchte immer Druck zum Lernen und erst dieses panische Gefühl „ich schaff' es nicht mehr" spornte mich so richtig an. Andere Menschen brauchen mehr Zeit, weil Sie sich nicht mehr als 3 oder 4 Stunden aufs Lernen konzentrieren können oder unter Druck panisch werden und dann funktioniert nichts mehr. Diese Menschen müssen zeitlich früher anfangen für eine Prüfung zu lernen *(siehe Kapitel „Planung")*.

Ablaufdiagramm „Auftragsbearbeitung“

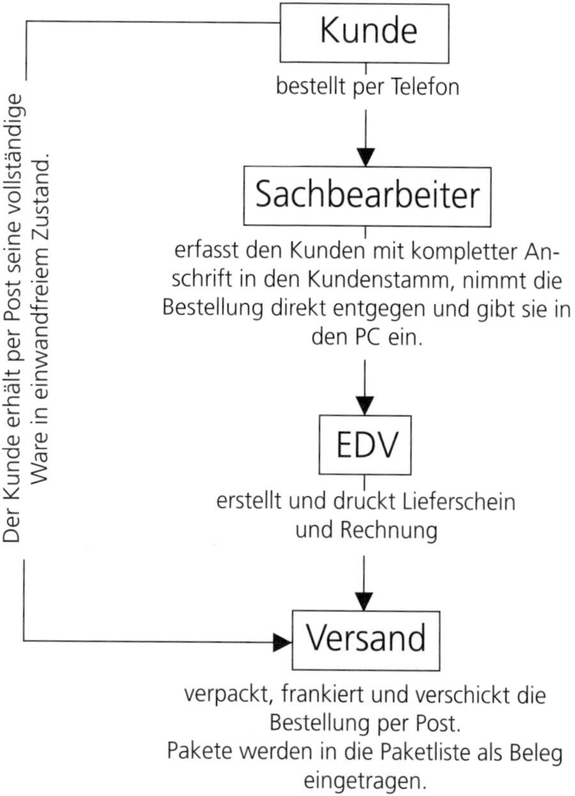

Lernrhythmus

Lassen Sie sich Ihre Art des Lernens nicht diktieren. *Lernen Sie so, wie Sie es für richtig halten*. Wenn Sie gerne nachts lernen, lernen Sie nachts und wenn Sie eher ein Morgenmensch sind, morgens. *Nur wenn Sie Ihren ganz eigenen Lernrhythmus finden, werden Sie erfolgreich lernen.* Aber denken Sie daran: Zeit, die verstrichen ist, können Sie nicht mehr einholen. Am besten, Sie stellen rechtzeitig einen Lernplan nach Ihren persönlichen Bedürfnissen auf *(siehe Kapitel „Planung", S. 29).*

Ignorieren Sie einfach Bemerkungen Ihrer Umwelt wie „Warum lernst du nicht tagsüber, da kommt sicher mehr bei rum." oder „Wenn du früher angefangen hättest zu lernen, hättest du jetzt auch mehr Zeit für mich." usw. Schließlich sind Sie es, der lernen muss und nicht die Familie oder die Freundin. Und wenn die Prüfung bestanden ist, sind auch diese Einwände ganz schnell vergessen.

Lernort

Die meisten von Ihnen werden sicherlich zu Hause lernen. Aber Sie kennen diese Szene vielleicht auch:

Sie haben sich gerade am Schreibtisch niedergelassen und in den Stoff vertieft, da ruft die Mama, Sie mögen ihr doch nur ganz kurz einen kleinen Gefallen tun. Kaum, dass Sie an den Schreibtisch zurückgekehrt sind, kommt die kleine Schwester reingerauscht und verdächtigt Sie, ihr Nintendo geklaut zu haben. Der erneute Versuch sich dem Lernstoff zuzuwenden, wird jäh durch das Klingeln des Telefons unterbrochen.

Ein Freund will wissen, ob Sie glauben, dass das Thema AGB's für die mündliche Prüfung relevant sein könnte. Sie glauben es zwar nicht, aber deutlich verunsichert begeben Sie sich erneut an den Schreibtisch, um festzustellen, dass in fünf Minuten der „Tatort" beginnt, den Sie doch so gerne sehen wollen. Und da das mit dem Lernen sowieso nichts wird, geben Sie auf und sinken vor den Fernseher.

Für alle, die auch unter diesen „kleinen Ablenkungen" des Alltags leiden, hier ein Tipp: Suchen Sie sich einen Ort, wo Sie ungestört sind und nichts anderes machen können als Lernen. Fast alle Bibliotheken bieten Lehr- oder Lesesäle, die Sie kostenlos nutzen können. Auch als Auszubildender können Sie z. B. Stadtbüchereien und Universitätsbibliotheken nutzen, welche oft besonders lange geöffnet sind. Bibliotheken haben den zusätzlichen Vorteil, dass Sie bei fachlichen Fragen eventuell Bücher finden, die Ihnen bei der Lösung des Problems helfen können. Falls Sie diese Möglichkeit nicht haben, fragen Sie doch ruhig mal Ihren Ausbilder, ob es in Ihrem Ausbildungsbetrieb die Möglichkeit gibt, in einem abgeschlossenen Raum in Ruhe zu lernen. So schlagen Sie zwei Fliegen mit einer Klappe; Sie haben Ruhe zum Lernen und Ihr Ausbilder hat das Gefühl, einen motivierten Azubi zu haben.

Lerngruppen

Und noch ein kurzes Wort zum Lernen in Gruppen. Gruppen können sehr *effektiv* sein, weil außer Ihnen auch *noch andere denken*, Gruppen können aber genauso *ineffizient* sein, weil außer Ihnen *noch andere reden*. Nutzt man die Gruppe dazu, noch offene Fragen zu diskutieren oder den „großen Auftritt" zu üben, ist das sicherlich sinnvoll. Aber: vermeiden Sie gemütliche Tratsch- und Klatschrunden, die bringen nichts und rauben Ihnen nur wichtige Zeit.

Wir haben für unsere Prüfungen immer in einer Gruppe in der Bibliothek gelernt (dort ist Reden verboten) und in den Pausen haben wir dann vor der Tür ganz wild die ungelösten Probleme diskutiert. So konnten wir bei Fragen auf die Gruppe zurückgreifen und hatten beim Lernen unsere Ruhe.

Merke

Eine solide theoretische Basis, ein guter Überblick über die wichtigen Abläufe Ihres Lehrbetriebes und der eigene „Lernrhythmus" sind wichtige Voraussetzungen für Ihren Erfolg bei der Prüfung.

Zuckerbrot und Peitsche

oder:
Wie Ziele uns motivieren

Leider werden die wenigsten von uns als „Einstein" oder „Genie" geboren und bedauerlicherweise sind wir meistens auch nicht unheimlich lernbegierig und wissensdurstig. Sollten Sie das Glück haben, ein lernbegieriger Mensch zu sein, überblättern Sie diese Seiten einfach und genießen Sie es, dass es das Schicksal gut mit Ihnen gemeint hat.

Gut, Sie lesen weiter, wahrscheinlich weil es Ihnen eher so geht wie mir, Berge von Lehrbüchern schauen Sie mit stummen, vorwurfsvollen Blicken an und flüstern, „Lern' mich, lern' mich!", aber irgendwie verspüren Sie so überhaupt nicht das Bedürfnis dieser Aufforderung nachzukommen. Und erst wenn dann das schlechte Gewissen bohrend an Ihnen nagt, raffen Sie sich mühevoll auf und beginnen mit dem Lernen, glücklich über jede kleine Ausrede, die eine kurze Unterbrechung ermöglicht. Trösten Sie sich, Sie stehen damit nicht alleine.

Es hilft alles nichts, die Prüfung will bestanden werden: Denn beim nächsten Mal wäre es ja auch nicht einen Deut weniger Arbeit und der Stoff muss dafür nunmal in Ihr Hirn.

Also „Zuckerbrot und Peitsche". Natürlich sollen Sie das nicht zu wörtlich nehmen und sich eine Reitpeitsche neben den Schreibtisch stellen, aber ein wenig „Zuckerbrot" kann schon eine erstaunliche Wirkung haben. Nicht umsonst bekommen Sportler Siegprämien. Also belohnen Sie sich mit Ihrer persönlichen „Prüfungssiegprämie" oder noch besser, lassen Sie sich belohnen. Vielleicht finden Sie ja in Ihrer Familie (gute Chancen bei den Eltern, oft noch bessere bei den Großeltern) jemanden, der bereit ist, Ihnen bei gutem Bestehen der Prüfung diesen Erfolg mit einer Kleinigkeit zu „versüßen".

Bleiben Sie maßvoll bei der Äußerung dieser Bitte! Die Erklärung, dass der neue Porsche Boxter einem frisch gebackenen Kaufmannsgehilfen doch ganz wunderbar stehen würde, sorgt wahrscheinlich direkt für Durchzug in den Ohren Ihrer Eltern. Aber der neue Tennisschläger, die neue Markenjeans, ein gemeinsamer Musicalbesuch (Preise von denen auch der Preisgeber etwas hat, werden immer besonders gern genommen) oder Karten für das nächste Qualifikationsspiel, halt irgendetwas, was Sie immer schon mal gerne haben oder machen wollten, wofür das eigene Geld aber eben doch nicht reichte.

Und wenn Sie Ihr Umfeld nicht überzeugen können, dann setzen Sie sich halt selbst einen Preis aus; *gönnen Sie sich was!*

Beim nächsten Lerntief können Sie sich dann vorstellen, wie Sie z. B. mit dem neuen Tennisschläger den halben Verein vom Platz putzen – warten Sie ab, das spornt an! Und was im Großen funktioniert, klappt auch im Kleinen. Gönnen Sie sich die geliebte Fernsehserie, wenn Sie Ihr Pensum erreicht haben und streichen Sie sie, wenn Sie es nicht geschafft haben.

Ich habe mir beim Erreichen meiner Lernziele immer ein Stück von dem leckeren Striezel-Kuchen aus der Cafeteria gegönnt. Das war zwar nicht unbedingt figurförderlich, aber sehr motivierend.

Seien Sie wirklich konsequent, denn nur dann nützt dieses Motivationsprogramm wirklich etwas.

Merke

Wenn es Ihnen an der nötigen Motivation fehlt, belohnen Sie sich selbst für erzielte Erfolge und maßregeln Sie sich ein wenig bei Misserfolgen. Das unterstützt Ihren eigenen inneren Antrieb.

Übung macht den Meister

oder:
Selbstdarstellung ist lernbar

Dieses Kapitel hat nur indirekt etwas mit „Lernen" zu tun, hier geht es nicht um Inhalte der Prüfung, sondern um Ihren *persönlichen Auftritt*.

Sollten Sie problemlos vor einer Gruppe von Menschen sprechen können, weil Sie bereits erfolgreich seit Jahren eine Jugendgruppe leiten, Theater spielen oder vielleicht schon zu den Geburtstagsfeiern die gesamte Verwandtschaft mit fröhlichen Reden unterhalten haben, dann können Sie dieses Kapitel getrost überlesen. Denn dann haben Sie wahrscheinlich das Glück, mit der natürlichen Begabung der Redegewandtheit ausgestattet zu sein, oder Sie haben zumindest schon reichlich Übung darin.

Keine Sorge, ich werde Sie jetzt nicht dazu auffordern, noch schnell auf Tante Agathes Geburtstag eine kleine Rede zu halten. Aber es gibt andere einfache und doch effektive Methoden, wie man das Reden vor einer Gruppe trainieren kann.

Wahrscheinlich kennen Sie das: auf Hochzeiten, bei runden Geburtstagen oder anderen feierlichen Anlässen erhebt sich ein mutiger Redner, um ein Loblied auf das Ehrenkind zu singen: „Liebe Hanne, äh, liebe Gäste, öh, ich freue mich, ähm, heute zu euch sprechen zu dürfen, äh." Und so weiter. Und um sich vor dem Einschlafen zu retten, fangen Sie an mit Ihrem Nachbarn zu wetten, auf wie viel ähs, öhs und ähms er sich wohl noch steigern wird.

Aber haben Sie einmal darauf geachtet, wie Sie selbst reden?

Sind die „ähs" und „öhms" auch Ihre Freunde? Gehören Sie zu den „Rasant-" oder „Leise-Rednern" oder treten Sie beim Reden hibbelig von einem Fuß auf den anderen? All diese „sprachlichen Auswüchse" sind ein Zeichen von Unsicherheit. Und von Unsicherheit schließt der eine oder andere Prüfer völlig zu Unrecht (oder auch nicht) auf Unwissenheit und das wollen Sie doch nicht!?

Also üben Sie Reden, nicht mit der besten Freundin am Telefon oder mit den Jungs beim Glas Bier, sondern unter simulierten Prüfungsbedingungen und möglichst so, dass Sie Ihr eigenes Werk hinterher selbst noch einmal hören und sehen können.

☞ ***Bilden Sie eine Lerngruppe.***
Bei der Zusammenstellung Ihrer Lerngruppe sollten Sie darauf achten sich nicht nur „schwächere" Mitazubis zu suchen. Natürlich ist es sehr angenehm und schmeichelhaft der „Beste" seiner Gruppe zu sein, aber wenn man selbst der Beste ist, von wem will man dann noch lernen?

☞ ***Nutzen Sie Ihr Smartphone***
Jedes Smartphone hat heute eine Videofunktion und fast jeder Azubi ein Smartphone. Nutzen Sie es und filmen Sie Ihren großen Auftritt. Vielleicht hat die YouTube-Gemeinde ja auch Spaß daran.

☞ ***Simulieren Sie eine mündliche Prüfung.***
Bei der Simulation sollte jeder mal Prüfling sein und jeder sollte als Prüfer „Fragen" stellen dürfen. So üben Sie Reden und außerdem bietet sich in der Gruppe die Möglichkeit fachliche Unsicherheiten noch zu beseitigen.

Bilden Sie eine Feedback-Runde.
Fragen Sie, was der Gruppe
1. *an Ihrem Auftritt gefallen hat;*
2. *an Ihrem Auftritt nicht gefallen hat.*

Vermeiden Sie es, sich zu verteidigen oder Ihr Verhalten zu rechtfertigen. Natürlich ist das schwer, denn kein Mensch wird gerne kritisiert, aber nur durch Kritik erfahren Sie, was Sie besser machen könnten.

Schauen Sie sich Ihre „Vorstellung" auf dem Computer an.
Nun werden Sie selbst merken, wo noch Verbesserungsbedarf ist.
Achten Sie auf folgende Dinge:
1. *Ihre Körperhaltung*
2. *Ihre Gestik und Mimik*
3. *Ihr Sprechverhalten*
   - *Wie schnell sprechen Sie?*
   - *Machen Sie Pausen beim Sprechen?*
   - *Wie leise oder laut sprechen Sie?*
   - *Benutzen Sie ähs, öhs, ähms oder Ähnliches?*
   - *Benutzen Sie viele Füllwörter?*
4. *Wo schauen Sie hin beim Sprechen?*

Merke

Im Gegensatz zur schriftlichen Prüfung wird in der mündlichen Prüfung nicht nur Ihr fachliches Wissen, sondern auch Ihr persönliches Auftreten bewertet. Dieses Auftreten ist genauso trainierbar wie Ihr Wissen!

Kleiner Merker, große Wirkung

oder:
Wie Sie Fehler bei Ihrem großen Auftritt vermeiden können

Auf dem Video haben Sie es ganz deutlich gesehen: Sie zappeln beim Reden herum und in jedem Satz befindet sich mindestens ein „äh". Außerdem fällt es Ihnen furchtbar schwer Ihr „Publikum" anzuschauen. Was nun, fragen Sie sich sicherlich.

Hier gilt „Selbsterkenntnis ist der erste Weg zur Besserung". Dadurch, dass Sie sich diese „Fehler" beim Sprechen bewusst gemacht haben, werden Sie automatisch einen Teil davon abbauen. *Denn bewusstes Handeln können wir kontrollieren, unbewusstes Handeln nicht.*

Natürlich heißt das nicht, dass Sie schon bei Ihrem nächsten Redeversuch dastehen wie eine hundertjährige Eiche, Ihrem Publikum permanent freundlichst in die Augen schauen und automatisch sämtliche „ähs" aus Ihrem Sprachfluss verbannt haben. Aber verbessern wird sich Ihr Auftritt ganz sicher und den Rest macht die Übung.

Bevor Sie nun Ihr Redeverhalten ein wenig trainieren, sollten Sie einmal *analysieren, was für ein Typ Sie überhaupt sind. Denn freies Reden ist nur dann wirklich perfekt, wenn es natürlich wirkt.*

Sind Sie eher ein **unruhiger Mensch mit viel Temperament** im Blut, dann gehört zu Ihrem persönlichen Redeverhalten sicherlich eine stärker ausgeprägte Mimik und Gestik als bei einem sehr ruhigen Menschen. Wahrscheinlich haben Sie nicht das Problem zu leise zu reden, sondern eher ein Problem beim Stillstehen. Mimik und Gestik unterstützen das Reden, alles Hektische, wie z. B. Rumgehampel, lenkt dagegen ab.

Oder sind Sie eher ein **ruhiger Mensch**, dann müssen Sie darauf achten, dass Sie laut und deutlich sprechen und Ihr Reden mit einer gewissen Mimik und Gestik untermalen. Das verleiht dem Gesprochenen ein bisschen mehr Pepp und lenkt die Aufmerksamkeit des Zuhörers stärker auf Sie.

Nun der Reihe nach ein paar Punkte, wie Sie Ihrem Auftritt ein wenig Schliff verleihen können:

1. Körperhaltung

Achten Sie darauf, dass Sie gerade sitzen.
Eingeknicktes Sitzen wirkt arg „relaxed". Außerdem verhindert das Einengen der Lunge ein tiefes Einatmen und Sauerstoff ist nunmal ein wichtiger Grundstoff zum Denken. Ermahnen Sie sich selbst während der Prüfung immer mal wieder zum aufrechten Sitzen, denn meist rutscht man während der Prüfung immer tiefer in den Stuhl.

Verschränken Sie nicht Ihre Arme und Beine.
Verschränkte Arme signalisieren Abwehrhaltung und das wirkt nicht unbedingt sympathisch. Verschränkte Beine wirken entweder sehr „relaxed" (wenn Sie den Knöchel auf dem Knie ablagern) oder verklemmt (wenn Sie die Beine zusammenklemmen). Beides wirkt keinesfalls sympathisch und offen.

Halten Sie Ihre Hände ruhig.
Nutzen Sie Ihre Hände ruhig beim Reden, aber fuchteln Sie nicht so wild damit herum, dass Ihre Nachbarn nur knapp schweren Verletzungen entgehen. Sollten Sie Ihre Hände beim Reden nicht einsetzen, suchen Sie sich

einen Haltepunkt (z. B. ein Glas oder die andere Hand), denn sonst laufen Sie Gefahr, mit den Händen nervös an irgendetwas herumzunesteln.

☞ ***Stehen Sie ruhig und bequem, hampeln Sie nicht rum.***
Sollten Sie im Stehen reden dürfen oder müssen (obwohl das die Haltung ist, in der Sie am besten Luft bekommen), achten Sie darauf halbwegs ruhig zu stehen und nicht herumzuhampeln. Natürlich müssen Sie nicht so stehen, als hätten Sie einen Stock verschluckt, suchen Sie sich ruhig eine bequeme Haltung. ***Denn eine ruhige Körperhaltung wirkt souverän und lässt damit eher den Rückschluss auf ein ruhiges und sicheres Inneres zu****. Suchen Sie sich mit den Augen Fixpunkte, am besten den Prüfer aus der Runde, den Sie am sympathischsten finden. Wenn Ihr Auge auf etwas ruht, stehen auch Sie selbst ruhiger.*

☞ *2. Gestik und Mimik*

Verzichten Sie während der Befragung Ihrer Mitstreiter auf eine ausgeprägte Mimik und Gestik.
Wenn einer Ihrer Mitstreiter redet und Sie seine Aussagen z. B. durch Kopfschütteln untermalen, dann laufen Sie viel schneller Gefahr, dass ein Prüfer die Frage an Sie weitergibt. Denn Sie vermitteln so dem Prüfer das Gefühl, es besser zu wissen als Ihr Mitstreiter. Und eine abwertende Mimik den Mitstreitern gegenüber ist weder fair noch höflich.

Betonen und akzentuieren Sie Ihre Inhalte durch Ihr Mienenspiel.

Mimik macht Ihre Antwort für den Beobachter lebendiger und ausdrucksstärker.

Vermeiden Sie Mimik und Gestik, die Unsicherheit ausstrahlt.

Wenn die Hände zittern, halten Sie sie fest. Achten Sie darauf, dass die Gestik nicht zu fahrig ist. Je sicherer Sie wirken, desto weniger führen Sie den Prüfer in Versuchung nach Ihren Schwachstellen zu suchen.

3. Sprechverhalten

Sprechen Sie ruhig, betont, nicht zu schnell und nicht zu leise.

Ein solches Sprechverhalten strahlt Sicherheit aus und ist für Ihr Gegenüber gut verständlich.

Machen Sie Pausen.

Der Ratschlag, den ich selbst am meisten beherzigen musste. Ich habe immer ganz wild drauflos geplappert. Leider ging mir dann irgendwann die Luft aus und meinen Zuhörern fiel es ein wenig schwer, meinen Aussagen auch wirklich zu folgen. Außerdem blieb dadurch, dass ich so schnell mit meiner Antwort fertig war, meist leider auch noch Raum für weitere Fragen. Pausen helfen dem Prüfer Ihre Ausführungen zu verarbeiten und geben Ihnen die Chance noch schnell ein wenig nachzudenken. Außerdem verbrauchen Sie mehr Zeit und müssen so vielleicht eine Frage weniger beantworten.

☞ ***Achten Sie schon in der Zeit vor der Prüfung gezielt auf Ihr Sprechverhalten.***
Konzentrieren Sie sich immer wieder darauf Pausen zu machen, laut und deutlich zu sprechen und Ihre Aussagen richtig zu betonen. Denn auch hier gilt: Übung macht den Meister.

☞ ***Und was tun gegen die „Ähs" und „Ähms"?***
Konditionieren Sie sich, machen Sie sich einen Merker. Nehmen Sie irgendetwas, wie Ihre Uhr, einen bunten Zettel oder ein Taschentuch (möglichst etwas, das Sie unauffällig bei der Prüfung auf den Tisch legen können) und konzentrieren Sie sich darauf, dass dies Ihr Ähm-, Äh- oder auch Sprechpausen-Merker ist .

Das Prinzip funktioniert ähnlich wie das Experiment von Pawlov. Pawlov läutete immer ein Glöckchen, wenn er seinem Hund etwas zu fressen gab. Beim Anblick des Futters bekam der Hund Speichelfluss. Später brauchte Pawlov nur das Glöckchen zu läuten und der Hund bekam den Speichelfluss, auch wenn weit und breit kein Futter zu sehen war. Diesen Vorgang bezeichnet man als Konditionierung. Natürlich sollen Sie bei sich keinen Speichelfluss erzeugen, sondern Sie sollen sich so konditionieren, dass Sie, wenn Sie z. B. auf Ihr Taschentuch sehen, automatisch daran denken nicht mehr „äh" zu sagen. Meistens funktioniert dieser Trick sehr schnell.

Schauen Sie dann beim Sprechen regelmäßig auf Ihren Merker und denken Sie daran nicht „äh" zu sagen. Nach einer Zeit werden Sie automatisch darauf achten. In der Prüfung legen Sie sich dann Ihre Uhr gut sichtbar auf den Tisch und Ihre „Ähs" werden sich drastisch reduzieren.

4. Ihr Blickpunkt beim Sprechen

Schauen Sie Ihren Gesprächspartnern in die Augen.

Anderen beim Sprechen in die Augen zu schauen, fällt vielen Menschen schwer. Schließlich sind die Augen auch ein Stück weit der Spiegel unserer Seele und wer lässt sich schon gerne in dieselbige schauen. Gerade wenn wir verunsichert sind, schauen wir unserem Gesprächspartner nicht in die Augen. Umgekehrt **strahlt ein gerader, offener Blick Sicherheit und Offenheit aus***. Und nur wenn Sie Ihrem Gegenüber in die Augen schauen, können Sie auch ein Stück weit in seiner Seele lesen und Regungen wie Zustimmung oder Unmut erkennen.*

Üben Sie das „in die Augen schauen" schon vorher im Alltag.

Fangen Sie ruhig erst einmal bei Freunden und Kollegen an, und wenn es bei vertrauten Menschen selbstverständlich ist, funktioniert es auch in Situationen wie in der Prüfung.

Am Abend vor der Prüfung schauen Sie sich am besten das Video Ihres Auftritts noch einmal an. Dadurch, dass Sie sich so Ihre kleinen Schwächen noch einmal vor Augen führen, werden Sie in Ihrer Prüfung auch bewusster damit umgehen und viele Fehler vermeiden.

Merke

Sicheres Auftreten und Sprechen ist lernbar. Nehmen Sie sich ruhig einen kleinen Merker zu Hilfe, er fällt nicht auf und kann große Wirkung erzielen.

Kleider machen Leute

oder: Über die Wichtigkeit des richtigen Erscheinungsbildes

Sicherlich sind die Kleidervorschriften heute nicht mehr so streng wie zu Zeiten unserer Großeltern, aber gerade darum sagt die Kleidung heute oft mehr über ihren Träger aus.

Viele Menschen demonstrieren durch ihre Kleidung und ihr äußeres Erscheinungsbild eine bestimmte Gesinnung oder die Zugehörigkeit zu einer Gruppe. Sehen wir jemand auf der Straße mit selbst gestricktem Wollpulli, Schlabberrock und Birkenstock-Schuhen, unterstellen wir ihm wahrscheinlich eine ökologische Gesinnung. Den jungen Mann mit dem knallbunt gefärbten Irokesenschnitt würden wir als Punk bezeichnen. Genauso gibt es auch berufsspezifische Kleidung, weiße Kittel signalisieren uns einen medizinischen Beruf, der „Blaumann" einen handwerklichen Beruf und beim dunkelblauen Anzug denken wir schnell an einen „Banker".

Sicherlich passen auch Sie privat Ihre Kleidung gewissen Gelegenheiten an; bei der großen Familienfeier eher festlich, in der Freizeit eher Jeans und im Strandbad eher luftig.

Und das Gleiche sollte auch für Ihre Prüfung gelten, *die Kleidung sollte dem Anlass und auch Ihrem Beruf und Ihrem Umfeld gerecht werden*. Natürlich können Sie auch in Jeans und Ihrem ältesten T-Shirt in die mündliche Prüfung gehen. Wenn Sie fachlich gut sind, werden Sie wohl kaum durchfallen, aber schwerer machen können Sie sich damit die Prüfung schon. Denn, sollten Ihre Prüfer diese Kleidung als unangemessen ansehen, ist der erste Eindruck von Ihnen nicht positiv. Und der Prüfer hat durch die Auswahl seiner Fragen schon die Möglichkeit, Ihnen kleine Fallen zu stellen.

In meiner mündlichen Bankkaufsmannprüfung saß ein „Mit-Azubi" in Jeans. Wir alle hatten vorher noch versucht ihn zu überreden, sich von einem Kollegen Sakko und Hose zu leihen. Unser Ausbildungsleiter hätte ihm sogar noch das Taxi nach Hause zum Umziehen spendiert, aber er wollte es nicht und ist so in die Prüfung gegangen. Alle Prüfer saßen dort in Anzügen, denn des „Bankers" Berufskleidung ist nun mal der Anzug oder eine Kombination. Im nächsten Jahr, als er seine mündliche Prüfung wiederholte, hat er dann auch einen Anzug getragen!

Sicherlich sollen Sie sich nicht den Smoking Ihres Vaters für die mündliche Prüfung ausborgen und auch das kleine Schwarze ist nicht ganz angebracht, aber *ordentliche, saubere und dem Berufsbild entsprechende Kleidung schafft einen positiven ersten Eindruck* und kann Ihnen die Prüfung so schon sehr erleichtern.

Sie sollten auch darauf achten, dass *Sie sich in Ihrer Kleidung wohl fühlen.* Der Konfirmationsanzug, welcher eben schon fünf bis sechs Jahre alt ist und daher an jeder Ecke ein wenig zwickt und beim Hinsetzen schon bedenkliche Geräusche von sich gibt, ist sicherlich keine gute Wahl. Auch das Hemd, eine Nummer zu klein, verhilft Ihnen wahrscheinlich, auch wenn sich Ihr tomatenroter Kopf dann gut vom Weiß des Hemdes abhebt, nicht zum gewünschten, seriösen Auftreten.

Wenn Sie passend gekleidet sind und sich in Ihrer Kleidung wohl fühlen, lenkt Sie diese nicht von Ihrer eigentlichen Aufgabe, nämlich die Prüfung zu bestehen, ab und gibt den Prüfern das Gefühl, dass Sie angemessen und souverän mit solchen Situationen umgehen können.

Und hier noch ein kleiner Hinweis für die Damen. *Sicherlich finden Männer kurze Röcke sehr aufregend und ablenkend und auch ein schönes tiefes Dekolletee lässt das Männerherz höher schlagen. Aber wollen Sie in der Prüfung Ihrer Figur nach beurteilt werden oder Ihrer Leistung nach? Auch wenn Ihre Figur vielleicht besser sein sollte als Ihre Leistung, legen Sie es lieber nicht darauf an. Denn es besteht bei allzu freizügigen Kleidungsstücken die Gefahr, dass bei Prüferinnen, welche vielleicht nicht mehr so jung und knackig sind wie Sie, der Neid voll zuschlägt und Ihre Note ins Wanken bringt. Und wenn Männer das Gefühl bekommen, dass sie mit dieser Kleidung geködert werden sollen, reagieren sie oft eher umgekehrt und genießen diesen Anblick nicht, sondern ärgern sich über diese „Plumpheit".*

Wenn Sie als Frau ernst genommen werden möchten, dann kleiden Sie sich am besten auch dementsprechend. *Nichts spricht gegen frauliche Kleidung, aber zu offenherzig schadet Ihnen eher. Außerdem ist es auch Ihren „Mit-Azubis" gegenüber nicht fair, wenn diese dann völlig verwirrt neben Ihnen auf dem Stuhl sitzen und mit Blutarmut im Gehirn kämpfen (schließlich braucht man Blut zum Denken).*

Auch bei der Auswahl des Parfüms sollte frau mit einer gewissen Umsicht vorgehen. Hier gilt: manchmal ist weniger mehr. Denn schwere Düfte wie z. B. Opium (haut den stärksten Opi um) sorgen eher für eine erotische als für eine sachliche Atmosphäre. Und die Gefahr bei schweren Düften, dass sie bei einem der Anwesenden zu Kopfschmerzen führen, ist sehr viel größer. Und haben Sie bei Kopfschmerzen gute Laune?

Außerdem:

☞ ***Ein gut wirksames Deo***
ist sicherlich selbst in den Wintermonaten und sowohl bei männlichen (nach einer Studie der Zeitschrift „Men's Health" benutzen nur 52% der deutschen Männer ein Deo!) als auch bei den weiblichen „Kandidaten" vonnöten. Die meisten Menschen sind in solch einer Situation verständlicherweise sehr aufgeregt und das führt nun mal zu verstärkter Transpiration. Und Schweiß riecht nun leider nicht gut, d. h., es ist nicht angenehm für Sie festzustellen, dass der Prüfungsraum plötzlich den Duft einer Sporthalle annimmt, und für Ihr Umfeld bestimmt auch nicht.

☞ ***Ein Taschentuch mitnehmen.***
Schaden kann es sicherlich nicht, hilft aber wenn das Näschen läuft und die Hände vor Schweiß triefen.

☞ ***Frauen, die Röcke tragen, sollten eine Seidenstrumpfhose als Ersatz mitnehmen.***

Denn dies sind nun mal die Situationen, in denen das Schicksal meistens gemein zuschlägt. Kaum hat man das Haus verlassen, bleibt man irgendwo hängen und eine wunderschöne Laufmasche ziert das Bein, was gerade bei dunklen Seidenstrumpfhosen sehr schmückend aussieht. Und wenn Ihnen der Prüfer die ganze Zeit irritiert aufs Bein schaut, trägt dies sicherlich nicht zu Ihrem Wohlfühlgefühl bei.

☞ ***Die Kleidung am besten am Abend vorher hinlegen.***

Denn wenn Sie plötzlich den dicken Fettfleck an der Hose entdecken oder sich beim Bügeln ganz aus Versehen der Umriss des Bügeleisens auf dem Hemd abmalt, dann haben Sie noch genug Zeit und Ruhe diesen Schaden wieder zu beseitigen. Versuchen Sie, sich alles das, was zusätzlich nervös machen und verunsichern kann, am Morgen der Prüfung vom Hals zu halten. Nur so können Sie sich auf das bevorstehende Ereignis konzentrieren und wirken eher ruhig und gefasst. Pleiten, Pech und Pannen passieren nun mal besonders gerne an solchen Tagen.

Vielleicht erscheinen Ihnen gerade diese Tipps alle als selbstverständlich, aber ich habe all solche „Entgleisungen" selbst schon erlebt.

Der „Azubi-Kollege“, der leider die Prüfung wiederholen musste, eine Azubine, welche eine ebenso schöne wie durchsichtige weiße Bluse trug und von unserem Ausbildungsleiter (obwohl er sonst wahrlich kein Kostverächter war) nur unter der Bedingung in die Prüfung gelassen wurde, dass sie sein Jackett zugeknöpft während der gesamten Prüfung trug. Oder einen Studenten, der mit abgeschnittenen alten Jeans in die mündliche Prüfung eines Professors ging, welcher dafür bekannt war, dass er von den Betriebswirtschaftsstudenten das Tragen eines Anzugs erwartete. Dieses Auftreten wurde nach Abschluss der Prüfung vom Herrn Professor wie folgt kommentiert: „Scheinbar ist Ihnen ja das Geld ausgegangen, aber leider werden Sie auch erstmal nicht dazu kommen, selber richtig viel Geld zu verdienen, weil wir uns nächstes Semester wieder sehen werden (es wäre die letzte Examensprüfung des Studenten gewesen). Und sollten Sie dann in der gleichen Hose erscheinen, wird das wohl nie etwas mit dem Geldverdienen.“

Merke

Kleidung sollte dem Anlass gerecht, zum Berufsbild passend und bequem sein.

Ruhe bewahren

oder:
Wie man seine Nervosität in den Griff bekommt

Nun ist er da, der große Tag. Und da ist „Ruhe bewahren" natürlich leichter gesagt als getan. Und trotzdem gibt es ein paar hilfreiche kleine Tricks, wie man sich das Leben vielleicht doch ein wenig leichter machen kann.

Beruhigungsmittel

Lassen Sie bitte auf alle Fälle die Finger von Tabletten oder Alkohol zur Beruhigung. Schließlich benebeln beide Ihren Geist und demontieren Ihre grauen Zellen und genau die brauchen Sie für Ihre Prüfung.

Ein Kommilitone an der Uni hatte aus lauter Panik vor der mündlichen Prüfung so tief in den Bierkasten gegriffen, dass er am nächsten Morgen verschlief und so seine mündliche Prüfung – und damit auch den letzten Versuch diese Prüfung zu bestehen – auf das nächste Semester verschob.

Schlaf

Natürlich ist es die beste Voraussetzung für eine Prüfung, wenn man ruhig und zufrieden acht Stunden schläft und gut erholt und ausgeschlafen am nächsten Tag erwacht. Aber auch wenn Ihnen das nicht gelingt, machen Sie sich nicht verrückt. Auch ein wenig müde und unausgeschlafen können Sie eine Prüfung gut bestehen.

In der Nacht vor einer meiner mündlichen Examensprüfungen an der Uni habe ich kein Auge zugemacht und fühlte mich am nächsten Tag wie durch den Fleischwolf gedreht. Der einzige Vorteil war, dass ich vor lauter Erschöpfung nicht ein bisschen nervös war. Es war die beste Prüfung, die ich je gemacht habe (trotzdem sollten Sie sich das nun doch nicht abkupfern).

Vorbereitung

Bevor Sie ins Bett gehen, legen Sie alle Sachen zurecht, die Sie am nächsten Tag brauchen werden, sodass Sie selbst das Gefühl haben, gut vorbereitet zu sein. Vermeiden Sie es, an fachliche Fragen zu denken, denn wahrscheinlich fallen Ihnen ganz plötzlich viele Dinge ein, die Sie nicht mehr zu wissen scheinen. Und immer wieder aufstehen und in den Unterlagen nachblättern raubt Ihnen gewiss den Schlaf. Sollten Sie zum Verschlafen neigen, beugen Sie vor, erhöhen Sie die Anzahl der Wecker oder bitten Sie Ihre Eltern oder eine/n Freund/in um Weckservice, notfalls per Telefon.

Der Prüfungstag

Gönnen Sie sich am nächsten Morgen etwas Zeit, frühstücken Sie in Ruhe, aber nicht zu ausgiebig, denn ein voller Bauch studiert nicht gern. Sie brauchen Ihr Blut im Kopf zum Denken und nicht im Magen zum Verdauen.

Und wenn Sie erst am Nachmittag Ihre Prüfung haben, nehmen Sie ein Stückchen Traubenzucker mit, das gibt Energie, falls Sie die Nachmittagsmüdigkeit überfällt.

Der Weg

Für den Weg sollten sie *ausreichend Zeit einkalkulieren*, denn das sind Tage, wo es besonders oft auf den Straßen staut oder bei öffentlichen Verkehrsmitteln zur Verspätung kommt. Gehen Sie ruhig ein Stückchen zu Fuß, auch wenn Sie das sonst nicht tun. So kann Ihr Körper noch einmal Sauerstoff tanken und die körperliche Betätigung lenkt ein wenig von der inneren Unruhe ab. Tiefes Einatmen in den Bauch, wie z. B. bei Yoga, wird Ihnen wahrscheinlich nicht die ganze Nervosität nehmen, hilft aber sehr wohl ruhiger zu werden. Je ruhiger Sie in der Prüfung auftreten, umso selbstbewusster wirken Sie und umso besser ist der erste Eindruck der Prüfer.

Die Prüfung

Gehören Sie zu den „Nestlern" (das heißt, dass Sie bei Nervosität an irgendetwas herumspielen)? Dann achten Sie gezielt auf Ihre Hände. Versuchen Sie nicht mit den Ringen zu spielen, an den Haaren zu drehen (bei Frauen sehr beliebt) und bitte als Mann auf keinen Fall in den Hosentaschen wühlen. Achten Sie vorher einmal genau darauf, wie Sie sich selbst verhalten, wenn Sie unruhig sind und merken Sie sich Ihre „Macken". „Verschwenden" Sie dann am Anfang der Prüfung einen kurzen Gedanken daran und Sie werden merken, dass sich die Macken wie „ähs", „ähms" oder fehlende Redepausen automatisch reduzieren. Konzentrieren Sie sich auch während der Prüfung (z. B. wenn Ihre Mitstreiter gefragt werden) immer mal wieder kurz auf sich selbst, um ein erneutes „Aufblitzen" Ihrer „Macken" zu verhindern.

Sollte Ihnen in der Prüfung etwas zu trinken angeboten werden, nehmen Sie es an. Es dient dazu, einen trockenen Hals zu vermeiden und gibt Ihnen die *Chance zu kleinen Denkpausen,* denn niemand wird erwarten, dass Sie während des Trinkens reden. Also wenn es mal kurz hakt, greifen Sie zum Glas und nutzen Sie den Augenblick zum Denken.

Sollten Sie in Gruppen geprüft werden: *Hören Sie zu, wenn Ihre Mitstreiter sprechen.* Erstens ist es höflich und zweitens weiß man nie, ob eine nicht oder falsch beantwortete Frage weitergegeben wird. Zuhören und Mitdenken, d. h. sich auf die Frage der anderen zu konzentrieren, lenkt auch von der eigenen Nervosität ab.

Bei den meisten kaufmännischen Berufen bekommen Sie, gemäß der Verordnung über die Berufsausbildung, in den praktischen Übungen (mündliche Prüfung) zwei Themen zur Wahl gestellt. Das von Ihnen ausgewählte Thema ist dann Grundlage für das Prüfungsgespräch. Natürlich sollten Sie das Thema auswählen, zu dem Ihnen spontan das meiste einfällt.

Wenn Sie sich für ein *Thema entschieden* haben, *bleiben Sie dabei*, auch wenn Sie bei intensiverem Nachdenken ein wenig unsicher werden. Denn erstens sind die Entscheidungen, die wir spontan aus dem Bauch heraus treffen, meistens die besten und zweitens kostet es viel zu viel wertvolle Zeit das Thema zu wechseln.

> *Es ist ganz natürlich, dass Sie, wenn Sie sich Ihr Thema durchlesen, plötzlich Zweifel bekommen, ob es wirklich das*

richtige ist. Der Mensch zweifelt in solch entscheidenden Situationen oft an der Richtigkeit seiner Entscheidungen, denn wenn es jetzt nicht das richtige Thema ist und ihm nichts Kluges einfällt und er dann schlecht in der Prüfung ist und dann vielleicht durchfällt und – nein, da liest er sich doch lieber noch das andere Thema durch. Aber Sie würden merken, dass Sie da wahrscheinlich ähnliche Zweifel packten, also doch lieber wieder das erste Thema oder doch das zweite. Und ehe Sie sich versehen, sind zehn Minuten der Viertelstunde um und Sie haben noch keinen wirklich klaren Gedanken zum Thema gefasst. Dann packt Sie die Panik und damit ist das Denken endgültig blockiert und das, wovor Sie die meiste Angst haben, nämlich schlecht in der Prüfung zu sein, wird wahrscheinlicher. Zwingen Sie sich dazu, Ihre Gedanken auf das Thema zu lenken und versuchen Sie Ihre Zweifel zu ignorieren.

Dann haben Sie eine Viertelstunde Zeit sich auf dieses Thema vorzubereiten. Eine Viertelstunde ist schnell vorbei, also versuchen Sie diese Zeit möglichst effektiv zu nutzen. Sammeln Sie Argumente, aber bilden Sie keinesfalls schon „druckreife" Sätze in Ihrem Kopf. Wenn Sie sich Notizen machen dürfen, schreiben Sie nur Stichworte und nicht ganze Sätze auf. Das Ausformulieren ganzer Sätze kostet zu viel Zeit, die Ihnen dann zum Nachdenken fehlt.

Wenn man ein Referat hält, dann kann eine Viertelstunde sehr lang werden, wenn einem die Argumente ausgehen. Allerdings kann sie auch sehr kurz sein, wenn man anfängt zu schwafeln. Sie wollen Ihren Prüfern zeigen, dass Sie ein guter Kaufmann sind, beweisen Sie das mit Argumenten, Erläuterungen oder Erklärungen, aber nicht mit viel „Reden um den heißen Brei". Am besten versuchen Sie Ihr Referat kurz zu gliedern: die wichtigsten Aspekte zuerst, unwichtige Aspekte zum Schluss.

Und wenn Ihnen Fragen zu Ihrem Thema gestellt werden, *hören Sie dem Prüfer genau zu*; wenn Sie unsicher sind, *fragen Sie nach* und plappern Sie nicht wie wild drauf los. Was einmal gesagt ist, ist schwer rückgängig zu machen. *Überlegen Sie kurz, gliedern Sie Ihre Anwort im Kopf und fangen Sie dann erst an zu sprechen.* Versuchen Sie, deutlich, ausdrucksstark und nicht zu schnell zu reden. Denn die Prüfung ist zeitlich begrenzt und je schneller Sie reden, desto mehr kann Sie der Prüfer fragen. *Behalten Sie die Mimik Ihres Prüfers immer im Auge.* Lassen Sie sich davon aber nicht zu stark ablenken. Wenn Sie sich Ihrer Aussage sicher sind, ignorieren Sie erst einmal zweifelnde Mienen. Viele Prüfer versuchen ihre Prüflinge auch bei richtigen Antworten zu verunsichern, um zu überprüfen, wie sicher sie ihrer Sache sind. Sollte die Gestik sehr deutlich werden (wie z. B. Kopfschütteln) fragen Sie nach, warum der Prüfer den Kopf schüttelt, denn irgendetwas will er Ihnen damit sagen.

Verzichten Sie auf Floskeln wie „ich glaube" oder „ich bin mir nicht sicher" oder „wahrscheinlich". Diese vermitteln nur Unsicherheit und fordern den Prüfer förmlich auf nachzufragen.

Nutzen Sie die Zeit, während der Prüfer spricht. Der Mensch kann viermal schneller denken als sprechen. Je mehr der Prüfer redet, desto mehr Zeit haben Sie, um über Ihre Antwort nachzudenken. Beantworten Sie, wenn nicht anders gewünscht, die Fragen ausführlich (schindet Zeit), aber schweifen Sie auch nicht vom Thema ab.

Und was tun, wenn der Prüfer eine Frage stellt, auf die Sie keine Antwort wissen? *Ehrlichkeit siegt meistens*. Wenn Sie die Anwort wirklich nicht wissen, geben Sie es ehrlich zu. Es kann nicht jeder alles wissen. Sehr viele Prüfer haben dafür Verständnis und stellen Ihnen eine neue Frage oder helfen Ihnen mit Hinweisen bei der Beantwortung. Völligen Blödsinn zu antworten macht meist einen viel schlechteren Eindruck, als ehrlich zuzugeben, dass man etwas nicht weiß. Denn das ist ein Zeichen von Selbstsicherheit und signalisiert dem Prüfer eher, dass es sich um ein „Black-out" handelt und nicht um mangelndes Wissen. Auf eine Frage falsch zu antworten, wirkt eher so, als hätte man die Frage nicht verstanden und lässt so eher auf Dummheit anstatt auf Unsicherheit oder einen „Black-out" schließen.

Und hier noch ein alter Prüfungstipp, falls die Nervosität Sie zu übermannen droht:

Um sich ein wenig die Angst vor dem Gegenüber zu nehmen, kann es sehr hilfreich sein, sich den Prüfer oder die Prüferin in sehr menschlichen Situationen, wie zum Beispiel auf dem stillen Örtchen oder in Unterwäsche, vorzustellen. Warnung! Lautes, schallendes Lachen kommt auch nicht so gut an. Aber diese Vorstellungen nehmen ein wenig den Respekt und somit auch die Angst vor dem Prüfer, weil sie eben zeigen, dass auch Prüfer nur Menschen sind!

Merke

Lassen Sie den Tag ruhig angehen. Konzentrieren Sie sich auf Ihr eigenes Auftreten und gestehen Sie sich Ihre Nervosität oder Ihre Fehler ruhig ein.

Der Narr sagt was er weiß, der Kluge weiß was er sagt

oder: Was Sie bei Präsentationen beachten sollten

Bei immer mehr Berufen ist eine Präsentation oder ein Vortrag Teil der mündlichen Prüfung. Dieser Entwicklung Rechnung tragend, beschäftigt sich das folgende Kapitel mit Präsentationen und Vorträgen. Egal ob Sie mit Notebook und Beamer oder Folien und Overheadprojektor präsentieren – die Anforderungen an die Präsentation sind immer die gleichen.

Letztens habe ich sie gefunden. Ganz durch Zufall. Eigentlich hatte ich in den Tiefen meiner Festplatte etwas anderes gesucht. Dabei fand ich sie, meine erste Präsentation. Aus heutiger Sicht würde ich sagen, sie war schlichtweg furchtbar. Damals, das weiß ich noch genau, war ich sehr stolz auf sie und mich. Schön bunt, mit viel Text und noch mehr Animation sollte sie einen Kunden von den Vorteilen unserer Tests überzeugen.

Dass der Kunde trotzdem Tests gekauft hat, verdanke ich der guten Qualität unserer Produkte. Mit Sicherheit aber nicht dieser Präsentation.

Es ist nicht nur mir passiert. Regelmäßig begegnen sie mir, Präsentationen, die gegen alle Regeln der Kunst verstoßen. Gott sei Dank sind es heute nicht mehr meine. Sie können es direkt besser machen, indem Sie die folgenden Tipps beherzigen.

Präsentieren kommt aus dem lateinischen und bedeutet „überreichen, vorlegen, vorzeigen, vorstellen". Mit einer Präsentation stellen Sie sich und Ihre Leistung vor. Für die mündliche Prüfung bedeutet das, dass Sie sich, Ihr Wissen und Ihre Leistung möglichst gut darstellen sollten. Viel Wissen schlecht präsentiert führt mit größter Wahrscheinlichkeit zur gleichen, wenig erfreulichen Note, wie wenig Wissen gut präsentiert.

„Der Mensch sieht, was vor Augen ist, Gott aber sieht ins Herz." Möge Gott in der Prüfung mit Ihnen sein – über Ihre Noten entscheiden die Prüfer. Die sehen, diesem Bibelspruch zur Folge, was vor Augen ist. Eine gute Präsentation vermittelt Können und Professionalität. Sie verleiht Ihnen Selbstvertrauen und kann unangenehme Nachfragen vor Prüfern verhindern. Es lohnt sich daher, in eine Präsentation etwas mehr Zeit und Herzblut zu investieren.

Praxis statt Theorie

Es gibt Bereiche und Tätigkeiten, die sind in allen Unternehmen ziemlich gleich wie zum Beispiel die Buchführung. Bei Präsentationen zu diesen Themen fällt es den Prüfern leicht zu beurteilen, ob die im Vortrag dargestellten Inhalte richtig oder falsch sind. Solche Themen sollten Sie möglichst nicht wählen.

Noch heute schaue ich gerne mit meinen Kindern „Wissen macht Ah!". Weil es einfach spannend ist zu erfahren, wie alltägliche Dinge entstehen. Genau diese menschliche Neugierde sollten Sie nutzen. Erzählen Sie den Prüfern Dinge, die den Prüfern neu sind. Vermeiden Sie Themen, zu denen die Prüfer mehr sagen können als Sie.

Früh übt sich

Prüfungen sind wie Weihnachten. Meist steht der Termin lange fest und trotzdem kommen sie für viele überraschend. Noch mal eben eine Präsentation basteln – das geht garantiert schief. Erst recht, wenn Sie bisher noch nie mit einem Präsentationsprogramm wie PowerPoint gearbeitet haben.

Eine Präsentation – gerade wenn es die erste ist – ist nicht in einem Tag gemacht. Sie sollten ausreichend Zeit haben, um Ihre Präsentation anderen vorzuführen und Korrekturen und Anregungen aufzunehmen.

Fangen Sie rechtzeitig an. Erstellen Sie zuerst eine Gliederung für Ihre Präsentation. Erstellen Sie dann eine Vorlage (ein Master) und beginnen Sie anhand der Gliederung Ihre Folien mit Leben zu füllen.

Spätestens eine Woche vor Ihrem Prüfungstermin sollte die Präsentation stehen, damit Sie ausreichend Zeit zum Üben haben.

Über Geschmack lässt sich streiten

Rote Schrift auf lila Hintergrund sieht in meinen Augen nicht nur scheußlich aus, sondern ist auch schlecht zu lesen. PowerPoint hat eine ganze Bandbreite wirklich hässlicher Formatvorlagen zu bieten. Lassen Sie die Finger davon. Bei der Gestaltung sollten grundsätzlich die Lesbarkeit und die Übersichtlichkeit im Vordergrund stehen und nicht die Farbenpracht.

Die einfachste Variante: Fragen Sie in Ihrem Unternehmen, ob es eine Standardvorlage für Firmenpräsentationen gibt. Gibt es eine solche, nutzen Sie diese. Meist sind solche Vorlagen von Menschen erstellt, die ein bisschen mehr Erfahrung mit PowerPoint haben als Sie. Lassen Sie Ihrer Kreativität lieber bei den Inhalten der Folien und Charts, als bei der Gestaltung freien Lauf.

Gibt es keine Standardvorlage, können Sie sich entweder selbst eine Vorlage erstellen oder auf eine Standardvorlage zurückgreifen. Hier sollten Sie auf jeden Fall eine schlichte und gut strukturierte Vorlage wählen (möglichst mit weißem Hintergrund – da Schrift sich auf weißem Hintergrund einfach besser lesen lässt).

PowerPoint ist ein Programm mit sehr vielen Möglichkeiten. Die Schrift kann tanzen, Buchstaben können fliegen, Farben können sich verändern und wer möchte, kann zum Schluss sogar noch mit Applaus einen Vortrag beenden. Tun Sie es nicht. Verzichten Sie auf Effekthascherei. Eine Prüfung ist nicht die richtige Situation für diese Art von Präsentationen (an sich gibt es, bis auf den 70. Geburtstag von Onkel Alfred, wenige passende Situationen für diese Art von Präsentation).

Bilder sagen mehr als Worte

Der Mensch ist ein visuelles Wesen. Bilder können vom menschlichen Gehirn leichter gespeichert und verarbeitet werden als Worte. Nutzen Sie dies, indem Sie zum Beispiel komplizierte Zusammenhänge als Graphiken darstellen. Auch wenn es mehr Zeit kostet, eine übersichtliche Graphik zu erstellen. Alles was der Veranschaulichung und des Verständnisses der Inhalte dient, ist den Einsatz wert.

Wenn Sie über Produkte Ihres Unternehmens reden, sollten Sie zur Veranschaulichung Fotos in Ihre Präsentation einbinden. Noch schöner ist es, wenn Sie Muster zur Präsentation mitbringen können (wobei die Anreise mit Maschinen und Gabelstapler etwas übertrieben wäre).

Nie mehr als sieben

Das menschliche Gehirn ist eine Hochleistungsmaschine. Trotzdem sollten Sie es nicht überfordern. Daher gilt: Nie mehr als 7 Informationen auf einem Chart (ein Tipp, den uns ein Professor an der Uni gab, ohne ihn selbst je zu beherzigen).

Schreiben Sie keine Romane. Nur wichtige Stichworte oder schlecht zu merkende Definitionen sollten Platz auf Ihren Charts finden. Wann immer möglich greifen Sie zu Bildern oder Graphiken. Nicht jede kleinste Information Ihres Vortrags muss auf einem Chart festgehalten werden. Beschränken Sie sich auf das Wichtigste und das Nötigste.

Für die Menge der Folien gilt „weniger ist mehr". Alle 30 Sekunden eine Folie erschlägt Ihre Zuhörer mit Informationen. Für einen 20-minütigen Vortrag sollten Sie nicht mehr als 10 Folien erstellen.

Die Tücken der Technik

Die schönste PowerPoint Präsentation nützt Ihnen nichts, wenn sie nicht läuft. Nicht jeder Beamer mag jedes Notebook mit jeder Einstellung. Machen Sie sich daher unbedingt vorher mit der Technik vertraut.

Im ersten Schritt sollten Sie sich informieren, welche Technik Ihnen überhaupt zur Verfügung steht. Haben Sie ein Notebook, oder stellt Ihnen Ihr Ausbildungsbetrieb ein Notebook zur Verfügung? Wenn ja, gibt es vor Ort einen Beamer oder müssen Sie einen Beamer mitbringen? Wenn Sie einen eigenen Beamer mitbringen, sollten Sie den Vortrag auch technisch vorher einmal üben (also Notebook und Beamer aufbauen und die Präsentation durchgehen). Ist ein Beamer vor Ort, sollten Sie vorher klären, welche Tasten Sie drücken müssen (FN + (je nach Notebook) F4, F5 oder F12), damit auf dem Notebook und dem Beamer ein Bild erscheint.

Steht Ihnen ein Overhead-Projektor zur Verfügung, achten Sie auf jeden Fall auf die Qualität der Folien. Helle Schriften sind auf manchen Overhead-Projektoren nicht zu lesen.

Gibt es weder Overhead-Projektor noch Beamer, können Sie Ihre „Folien" immer noch selbst basteln. Mit Flippchart-Papier und Kordel zum Beispiel. Haben Sie wie ich eher eine Sauklaue, sollten Sie einen Freund oder eine Freundin das Papier beschreiben lassen. Die besten Inhalte nützen nichts, wenn man Sie nicht lesen kann.

Verlassen Sie sich nie auf die Technik. Das, was Sie auf dem Rechner oder der Folie haben, sollten Sie immer auch im Kopf haben.

Reden, nicht lesen!

Charts sind etwas ganz Wunderbares. Sie bieten Ihnen einen roten Faden, ohne das Sie unpraktische Spickzettelchen brauchen. Wenn Sie wirklich einmal nicht mehr weiter wissen, helfen Ihnen die Charts den Faden wieder zu finden. Leider verleiten Charts aber viele Menschen dazu, sie abzulesen.

Perfekte Redner fesseln Ihr Publikum ganz ohne Charts. Sie reden frei und visualisieren mit der Stimme. Ganz schlechte Redner lesen Charts von der Wand ab. Sie langweilen ihr Publikum und wirken unsicher.

Gehen Sie davon aus, dass Ihre Prüfer lesen können. Wenn Sie Ihre Charts nur ablesen, werden Sie eigentlich nicht gebraucht. Außerdem können Sie, wenn Sie nur ablesen, Ihren Zuhörern nicht in die Augen schauen. Ein großer Fehler.

Unsere Augen haben eine magische Wirkung. Mit den Augen können Sie Ihre Zuhörer fesseln. An den Augen Ihrer Zuhörer wiederum können Sie Unverständnis, Langeweile und auch Fehlerhaftes ablesen. Hinzu kommt, dass anderen in die Augen schauen als ein Ausdruck von Sicherheit und Selbstbewusstsein wahrgenommen wird. Die Prüfer werden Ihre Aussagen weniger leicht in Frage stellen, wenn Sie ihnen dabei in die Augen schauen können.

Stellen Sie fest, dass ein Prüfer gelangweilt schaut oder verneinend den Kopf schüttelt – sprechen Sie ihn an. Ob er Fragen hat oder warum er mit Ihrer Aussage nicht einverstanden ist. Denn Vorsicht: Gelangweilte Prüfer kommen auf die „dümmsten" Ideen und die schwierigsten Fragen.

Versetzen Sie sich mal in die Lage eines Prüfers. Er muss sich den ganzen Tag mehr und sehr viel öfter minder spannende Vorträge anhören. Ich garantiere Ihnen, für jeden spannenden und interessanten Vortrag ist er Ihnen dankbar – erst Recht nach dem Mittagessen.

Ode an die Freude

Lachen entspannt, ist gesund und schüttet Glückshormone aus. Gut gestimmt, kann Ihnen kein Prüfer widerstehen. Schaffen Sie es Ihre Zuhörer im positiven Sinne zum Lachen zu bringen, ist das die Königsklasse einer erfolgreichen Präsentation.

Eins sollten Sie jedoch unbedingt vermeiden: Dass die Prüfer über Sie oder Ihre Leistung lachen. Eine zum Thema passende Karikatur oder eine nette Begebenheit aus dem beruflichen Alltag lockern den Vortrag auf, ohne dass es peinlich wirkt.

Witze oder Anspielungen unter der Gürtelline haben in einer Präsentation nichts verloren!

Mach mal Pause

Sind wir unsicher, reden wir entweder gar nicht oder ziemlich schnell. Frei nach dem Motto „das Ganze möglichst schnell hinter mich bringen". Leider werden wir nicht verständlicher, wenn wir schnell reden. Und je schneller Sie sind, umso mehr Zeit bleibt den Prüfern hinterher um Fragen zu stellen.

Wenn Sie merken, dass Sie zu schnell werden, machen Sie eine kurze Pause. Trinken Sie einen Schluck, atmen Sie tief durch und reden dann erst weiter. Nutzen Sie diesen kurzen Augenblick, um sich erneut zu konzentrieren und Kraft zu sammeln.

Merke:

Charts und Folien sind am effektivsten, wenn sie als visuelle Unterstützung des gesprochenen Wortes eingesetzt werden. Im Vordergrund der Präsentation stehen immer Sie und die Inhalte der Präsentation.

Abspann:

Und, noch immer Angst vor der Prüfung? Na ja, ein bisschen Angst gehört ja dazu, aber ich bin mir sicher, dass Sie es jetzt schaffen werden. Die richtige Einstellung, eine gute Vorbereitung und selbstbewusstes Auftreten – also was soll denn da noch schief gehen?

Und wenn es bei sachlichen Fragen noch ein wenig hakt – schauen Sie doch einfach in die U-Form Prüfungstrainer und Broschüren. Die helfen Ihnen sachliche Fragen zu klären und die wichtigsten Inhalte für die Prüfung noch einmal zu wiederholen.

Damit es auch am nötigen Quäntchen Glück nicht fehlt, drücke ich Ihnen fest die Daumen und auch das U-Form Team wünscht Ihnen alles Gute.

Der kleine Prüfungs-Checker

Nach der schriftlichen Prüfung

- Lerngruppe zusammenstellen (Max. 4 Personen) ☐

  1. ______________________
  2. ______________________
  3. ______________________
  4. ______________________

- Smartphone griffbereit haben ☐
- „Ex-Azubis" nach den Prüfungsthemen der vergangenen Prüfungen fragen, Lehrer nach Lieblingsthemen der Prüfer ausquetschen ☐
- Übersicht über Preise, Konditionen, Lieferbedingungen, Produkte und Dienstleistungen des Ausbildungsunternehmens erstellen und auswendig lernen ☐
- Berichtsheft durchgehen, ob dieses vollständig ist (kann bei der Prüfung von den Prüfern eingesehen werden). Falls nicht, nachbessern! ☐

- Betriebliche Abläufe und Prozesse durchgehen; Fragen aufschreiben ☐

Bei Fragen Kollegen um Hilfe bitten,
Termine geben lassen und notieren:

am ___.___.___ um ___:___ Uhr Herr/Frau ____________________

Fragen zu den Themen:

____

____

____

Bei Fragen Kollegen um Hilfe bitten,
Termine geben lassen und notieren:

am ___.___.___ um ___:___ Uhr Herr/Frau ____________________

Fragen zu den Themen:

____

____

____

Bei Fragen Kollegen um Hilfe bitten,
Termine geben lassen und notieren:

am ___.___.___ um ___:___ Uhr Herr/Frau ____________________

Fragen zu den Themen:

____

____

____

- Überprüfen, ob Sie die betrieblichen Abläufe mit theoretischen Grundlagen begründen und erklären können. Wenn nicht, Bücher wälzen und lernen! ☐

- Reden üben. Betriebliche Abläufe und Prozesse verbalisieren, wo immer es geht, unter der Dusche, vor dem Schlafengehen und nach dem Aufstehen. Üben, Üben, Üben, bis Sie es im Schlaf erzählen können! ☐

- Lerngruppe zusammentrommeln und mündliche Prüfung simulieren ☐

  Termin am __.__.__ um __:__ Uhr

  Termin am __.__.__ um __:__ Uhr

  Termin am __.__.__ um __:__ Uhr

- Video in Ruhe anschauen und auf Fehler achten. Fehler auf Merker notieren. ☐

- Reden üben vor anderen, vor Freund oder Freundin, den Eltern oder Geschwistern. Betriebliche Abläufe im Vortragsstil erzählen, bis es sitzt und allen anderen zu den Ohren raushängt. Immer wieder auf die notierten Fehler achten. ☐

Der Tag vor der Prüfung

- Video noch einmal bewusst anschauen ☐
- Berichtsheft einstecken ☐
- Kleidung zurechtlegen ☐
- Wecker stellen, Weckdienst beauftragen ☐

Der Morgen der Prüfung

- reichlich Deo nutzen ☐
- gesundes, leichtes Frühstück zu sich nehmen ☐
- Taschentücher einstecken ☐
- rechtzeitig losgehen, Frischluft atmen ☐

5 Minuten vor der Prüfung

- Zur Toilette gehen, Gesamtbild prüfen und eine Minute richtig breit lachen oder lächeln

In der Prüfung

- Gut zuhören, ruhig sprechen, freundlich dreinschauen und richtig kluge Antworten geben

Nach der Prüfung

Herzlichen Glückwunsch, jetzt können Sie feiern was das Zeug hält.

Notizen

Notizen

Notizen

Notizen